Elena Lautenschlager

Die starke Frau in mir

Dein **Schlüssel** in die **emotionale** und **mentale Freiheit**

Inhalt

Wer wollen Sie sein?

S ie sind bestimmt eine sehr glückliche Frau. Eine Frau, die weiß, wo es langläuft. Die weiß, wo sie im Leben steht und was sie will. Eine Frau, die ihr Leben im Griff hat, die sich selbst kennt und intelligent ist. Sie sind gut in dem, was Sie tun. Sie sind aufgeschlossen, mutig und stark. Sie haben den nötigen Biss. Sie sind mitfühlend und ehrlich. Sie kümmern sich gut um Ihre Mitmenschen. Sie sind großartig, spendabel und eine Bereicherung für Ihre Kinder. Zusammengefasst: Ihr Leben läuft großartig und dessen sind Sie sich auch bewusst. Natürlich gibt es den einen oder anderen Moment, in dem Sie sich schwach fühlen. Vielleicht auch etwas düstere Zeiten, in denen Sie am Anfang keinen Ausweg sehen. Momente, in denen Ihnen alles etwas schwerer fällt, oder in denen Sie den Halt Ihrer besten Freundin oder Ihres Partners suchen. Dennoch gibt es an Ihrem Leben nichts auszusetzen. Sie sind, haben und tun alles, was Sie für Sie und Ihre Familie als nötig erachten. Was also fehlt Ihnen?

Es gibt da diese Gefühle. Gefühle, die dann in Ihnen ihren Platz suchen, wenn Sie es am wenigsten brauchen. Gefühle, die Sie stutzig werden lassen können. Gefühle, die wir unterdrücken, obwohl sie in diesem Moment die meiste Aufmerksamkeit brauchen. Gefühle, die in Ihnen eine Art von Machtlosigkeit hervorrufen können. Gefühle, die in Ihnen hochkommen und Sie über zwei Tage hinweg philosophieren lassen, ob diese angebracht waren oder nicht. Das Problem ist in den meisten Fällen, dass wir diesen Gefühlen nicht die Beachtung schenken, welche sie eigentlich bräuchten. Denn Gefühle brauchen Ihre Aufmerksamkeit. Gefühle müssen wir ernst nehmen und nicht wegdrücken. Nehmen wir unsere Gefühle nicht ernst, dann gilt dies ebenso für uns. Gefühle sind ein Teil unseres Selbst und werden es immer bleiben. Wir sollten sie also nicht nur akzeptieren, sondern darüber hinaus mit ihnen arbeiten. Wenn wir ihnen unser größtes Geschenk machen, nämlich ihnen unsere Zeit und unsere Aufmerksamkeit zuteilwerden lassen, dann bekommen wir von ihnen auch ein Geschenk zurück. Das sind die Erkenntnisse über uns selbst. Erkenntnisse darüber, wie wir als Person wirklich sind und wie wir werden möchten, wonach wir streben. Wie uns einige Glaubenssätze kleinhalten und uns nicht erlauben, weiterzuwachsen. Warum wir uns als Frau in den meisten Situationen so verhalten und nicht anders.

Auf diese Gefühle, die bei Ihnen im Alltag ihren Platz suchen, möchte ich eingehen. Denn diese Gefühle sind ernst zu nehmen. Ich möchte Ihnen mit diesem Buch eine Anleitung an die Hand geben, mit welcher es Ihnen gelingt, Ihre Gefühle besser einzuordnen, zu verstehen und an ihnen zu arbeiten. Denn wenn wir die Gefühle unter der Lupe betrachten und uns fragen, warum diese existieren, erhalten wir viele Antworten aufgrund unseres uns vermittelten Selbstwertes und den einprogrammierten Glaubenssätzen unserer Kindheit. Ebenso haben diese Gefühle in den meisten Fällen das Ziel, in der Gegenwart etwas zu betonen, von dem wir manchmal selbst noch nichts wissen. Das werden wir ebenso in diesem Buch lernen: welche Ziele wir konkret mit unseren Gefühlen verfolgen, warum und ob wir auch den richtigen Weg nehmen. Zum einen, um es unseren Mitmenschen angenehm zu machen, aber auch mit der Zielstellung, sich selbst besser kennenzulernen und zu verstehen.

Der Selbstwert ist der tatsächliche Wert unseres Selbst. Das Selbstwertgefühl ist der subjektive Stempel, dem wir unseren Selbstwert zuordnen, und der wiederum ist entscheidend für unser gesamtes Leben. Denn wir Menschen sehen die Dinge auf unsere eigene Art und Weise. Ich möchte in diesem Buch nicht Ihren Selbstwert erhöhen, denn dieser ist ohnehin schon grenzenlos. Ich bin nicht dafür zuständig, dass Sie sich besser verstehen. Ich habe mir als Ziel gesetzt, Ihnen lediglich so viel wie möglich zu geben, es Ihnen auf eine einfache Art verständlich zu machen und Sie mental dabei zu unterstützen, diese kleinen Wunden so gut es geht aus dem Leben fernzuhalten. Ob Sie diese Wege beobachten oder auch gehen, bleibt letztendlich Ihnen überlassen. An dieser Stelle möchte ich Ihnen mitteilen, dass nur Sie für Ihr Wohlbefinden verantwortlich sind. Nur Sie haben es in der Hand, Ihre Gegenwart und Zukunft genauer zu betrachten. Sie bekommen an dieser Stelle mithilfe des Buches die Vergangenheit erklärt, dennoch fokussieren wir uns auf das Hier und Jetzt und ich erläutere, wie Sie dieses Wissen für Sie ideal anwenden können.

Das Buch kann und wird Ihnen helfen, die Dinge aus einer anderen Perspektive zu sehen und wahrzunehmen. Sie können sich immer bewusst entscheiden, diese auch anders wahrzunehmen. Sie werden anfangen, sich besser zu verstehen. Sie bekommen plötzlich ein Bewusstsein bei jenen Themen, welchen Sie zuvor keine Beachtung geschenkt haben. Sie haben dieses Buch nicht ohne Ziel gekauft, sondern mit dem Wunsch, Ihren eigenen Selbstwert zu erhöhen und Ihre inneren Programme zu hinterfragen.

Dieses Buch soll Ihnen dabei helfen, sich ein Stück weit selbst zu finden, Ihre Verhaltensweisen zu verstehen. Wieso agieren und reagieren Sie auf bestimmte Situationen so, wie Sie es derzeit tun? Wie meistern Sie Ihr Leben als Frau? Sie hatten bestimmt schon mal Momente in Ihrem Leben, in welchen Ihnen alles etwas schwer gefallen ist, Sie Energie aufwenden mussten, um die Dinge wieder zurechtzubiegen. Momente, in welchen Sie vor Wut fast geplatzt sind. All das ist ganz normal im Leben. Es kann nicht immer nur bergauf gehen. Das Leben wirft uns einige Probleme vor die Füße und wir sollen lernen, mit ihnen umzugehen. Natürlich ist eine Taktik, diese Probleme zu umgehen. Wenn wir aber ein Problem nicht lösen, werden wir von denselben oder ähnlichen Problemen abermals eingeholt. Die hier folgende Anleitung wird Ihnen richtungsweisende Denkanstöße sowie einige Hilfsmittel und Tipps an die Hand geben, damit Sie sich selbst besser kennenlernen können. Auf Ihr Bauchgefühl zu hören, Ihr Gefühl zu erfassen und auf eine verantwortungsbewusste Art und Weise damit umzugehen.

Hier in diesem Buch werde ich mich nicht nur ausschließlich auf die Probleme beziehen, denn wir Menschen handeln nach unseren Gedanken. Stellen Sie sich das so vor, als würden Sie essen. Wenn Sie sich den ganzen Tag nur von Süßspeisen und Fettigem ernähren, wird Ihr Körper sich danach richten. Sie legen etwas an Gewicht zu, bekommen möglicherweise eine rissige Haut oder Sie bekommen glanzlose Haare. Ernähren Sie sich hingegen gesund, wirkt sich das positiv auf Ihre Zellen und somit auf Ihren Körper aus. So einen ähnlichen Prozess durchlebt auch unser Gehirn. Je nachdem, was wir ihm als «Nahrung» zuführen, bedingt es unsere Persönlichkeit. Die Informationen, mit denen Sie sich aktiv beschäftigen, werden in Ihrem Gehirn verarbeitet und dann wieder durch Ihren Mund gleiten. Wenn wir unsere Gedanken nur auf die Probleme und Dinge richten, welche in unserer Kindheit aufgekommen sind, wachsen diese Probleme. Das Verständnis für die Vergangenheit kann Ihnen dabei helfen, sich erstmals zu verstehen: Warum sind einige dieser Probleme überhaupt präsent und nehmen immer wieder so viel Raum in Ihrem Leben ein?

Die Gedanken, die wir aufgrund unserer Vergangenheit haben, sind zudem nicht immer korrekt, denn aus einem länger zurückliegenden Erlebnis können wir etwas uminterpretieren. Das bedeutet, wenn man Ihnen sagt: «Ihr Vater war damals bestimmt nie für Sie da. Sie tragen aufgrund dessen große Schmerzen in sich», sucht Ihr Gehirn plötzlich nach all den Dingen, bei dem Ihr Vater nicht für Sie da war. Sogar die Situationen, die uns damals noch als ziemlich unscheinbar in Erinnerung geblieben sind, werden plötzlich nach oben stilisiert. Das liegt daran, dass erstens der Verstand immer recht haben möchte. Deswegen möchte er Ihnen so viele Beispiele wie möglich aufzeigen, um diese Interpretationen zu Ihrer Wahrheit werden zu lassen. Zweitens wird einem schnell klar, dass aufgrund dieses «Leids» uns scheinbar mehr Aufmerksamkeit von anderen zuteilwird. Die «Schaut mal her, wie schlecht es mir geht»-Tour. Diese Denkweise meinen wir nicht böse gegenüber unseren Mitmenschen. Menschen streben nach Aufmerksamkeit und ein «Leid» zu erschaffen und beizubehalten, ist ein sehr schneller und, für unser Stammhirn, angenehmer Weg. Dieser Weg kann auch genauso in uns «einprogrammiert» sein. Wenn wir mit den Worten «Aufmerksamkeit», «Liebe» oder «Wertschätzung» beispielsweise verbinden, dass wir uns gegenüber den anderen schwach und verletzlich zeigen sollen. Das sind allerdings unsere ganz eigenen Interpretationen der Worte und wie wir die Welt betrachten. Jeder schaut sich die Welt durch seine eigene Brille an. Diese Brille bekommt jeder von seinen Eltern aufgesetzt und wir leben so lange damit, bis wir damit beginnen, diese zu hinterfragen. In diesem Buch werden wir viele Strategien hinterfragen. Ich möchte Sie einladen, mit einer anderen Sicht auf die Welt und auch auf Ihre vermeintlichen Probleme zu schauen. Wenn Sie es mir erlauben, würde ich Ihnen gern einige Lösungsstrategien mit auf den Weg geben, um dadurch idealerweise die Sichtweise Ihrer Brille zu erweitern. Eine Brille mit einem tieferen Verständnis für die Dinge, die sich um Sie herum abspielen. Mit dieser Brille sind Sie imstande, Ihnen und auch Ihren Mitmenschen zu helfen. Es gibt kein schöneres Gefühl, als Ihr Umfeld aufblühen zu sehen, etwas zu geben, denn dies bereichert das Leben und versüßt jeden Tag.

Bevor wir tiefer in diese Thematik einsteigen, möchte ich Ihnen das «Du» anbieten. Mit dem Du können wir in eine tiefere Ebene eintauchen. Wir sollten uns hier fallen lassen können. Einige Erkenntnisse aus dem Buch können einen alten Schmerz wieder zum Vorschein bringen, da ist es wichtig, dass wir uns beide zusammen auf einer Ebene befinden, bei der gegenseitiges Vertrauen herrscht. Du und ich werden hier offen unsere Gefühle und unsere Wunden zum Vorschein bringen. Bei dem «Du» können wir uns so besser verstehen und auf einer Ebene agieren. Wir dürfen hier sein, wie wir wollen, und wir wollen etwas tief in uns verändern. Deswegen hast du auch dieses Buch gekauft: Wir wollen diese Reise als ein anderer Mensch beenden als die Person, als die wir sie angetreten haben. Wir wollen uns für neue Wege und Grenzen öffnen. Wir wollen gemeinsam in der Tiefe unseres Seins arbeiten und nicht nur an der Oberfläche der Probleme kratzen, sondern auch echte Veränderungen in unserem Leben vornehmen. Das gelingt uns nur, wenn wir uns auf einer Augenhöhe befinden und uns somit miteinander vertraut machen können. Außerdem möchten wir uns gegenseitig etwas Gutes tun. Jede Frau ist anders und bringt eine eigene Geschichte mit sich mit. Ich kenne dich nicht persönlich, deswegen muss nicht alles, was hier in diesem Buch steht, auf dich zutreffen. Ich kenne weder deine Vergangenheit noch deine Gegenwart. Ich kann nicht immer davon ausgehen, dass dir die gleichen Ereignisse so widerfahren sind. Dennoch gibt es viele Parallelen, die uns Frauen gemeinsam verbinden. Jene Verhaltensweisen, welche ich bei vielen Frauen beobachten oder aus Büchern entnehmen konnte. Nimm dir dieses Buch als deine persönliche Hilfestellung auf dem Weg zu einer besseren Version von dir selbst. Lies es nicht nur, sondern arbeite damit. Was kannst du für dich hier herausziehen? Streiche das an, was sich für dich richtig anfühlt, oder mache dir Notizen an den Rand. Das hier ist dein Buch und du bist wertvoll genug zu bestimmen, wie du mit diesem Buch am besten arbeiten möchtest.

Es gibt eine Sache, die ich dir direkt nehmen möchte: die Angst. Die Angst vor der Person, die du durch dieses Buch werden könntest. Denn Veränderungen bringen nicht nur Positivität, sondern auch Angst mit sich. Bevor man anfängt, diese Veränderung wirklich anzugehen, ist eine gewisse Art der Vorfreude vorhanden und somit auch die Bereitschaft, alles anzupacken. Wenn man dann merkt, dass alles funktioniert und man sich wirklich verändert, bricht man plötzlich alles ab. Aber warum? Einerseits haben wir Bedenken, wie das neue «Ich» sein und von anderen angenommen wird. Das ist auch okay, denn die Lösungsstrategien, die wir bis dato angewandt haben, haben uns offensichtlich nicht umgebracht, warum sollten wir diese also ändern? So denkt das Stammhirn in uns. Wir sollten uns jedoch vor Augen führen, dass die Stärkung unseres Selbst zu vielen positiven Ergebnissen in unserem Leben führen kann. Denn Veränderung ist nichts Schlimmes. Ganz im Gegenteil. Wir entwickeln uns stetig vorwärts. Alle Informationen, die wir verarbeiten, alle Ereignisse, die wir durchleben, prägen uns und machen uns ein Stück weit zu einer anderen Person. Außerdem sind wir weder der Denker noch das Gedachte. Wir setzen selbst unsere Segel. Wir können uns immer dazu entscheiden, auf dem jeweils aktuellen Schritt zu verharren, bis wir bereit sind, den nächsten zu gehen. Du bestimmst in deinem Leben das Tempo.

Die zweite Ursache, warum man Angst verspürt, ist, weil man eine Art «Verantwortung» übernimmt, aus der man so schnell nicht wieder herauskommt. Wenn ich die Macht ergreife, für meine Gefühle Verantwortung zu übernehmen und diese zielorientiert in jede beliebige Richtung zu lenken, bin ich plötzlich kein Opfer meiner Umstände mehr und kann dies auch nicht mehr als Ausrede benutzen. Ich bin dann in der Lage, mich und mein Handeln zu reflektieren und Fehler, welche ich begangen habe, zuzugeben. Wenn ich mich einmal dazu entschieden habe, nach diesen Verhaltensmustern zu handeln, muss ich mich regelrecht bremsen, um nicht in einer Spirale aus Reflexion und dem Eingestehen von Fehlern gefangen zu sein. Aus diesem Grund brechen viele an dieser Stelle ab. Unserem Gehirn fällt es schwer, in verschiedenen Abstufungen zu denken, es nimmt bevorzugt Extreme wahr. So können wir denken, dass wir auf unserer Bewusstseinsebene, in der wir uns momentan befinden, agieren, oder wir seien Erleuchtete. Wir können uns dazu entscheiden, nach bestem Wissen und Gewissen zu handeln. Dies ist eine Stärke. Eine Kraft, die den Ursprung in dir findet und somit immer wieder aktiviert werden kann. Eine einmalige Reflexion und Verbesserung reichen dabei nicht aus, denn dies bedarf stetiger Arbeit. Man kann sich nicht in einem Tag verändern. Man kann an einem Tag die bewusste Entscheidung treffen, sich verändern zu wollen. Darauffolgend kann man jeden Tag einen winzig kleinen Schritt auf das Ziel, die Verbesserung des eigenen Ichs, zugehen. Es sind nicht die großen Veränderungen, die unser Leben anders machen. Es sind die vielen kleinen Schritte, die wir tagtäglich gehen.

In Situationen, in denen du merkst, dass du dich nicht wohlfühlst, hegst du vermutlich den Wunsch, alles zu pausieren. Sich dann bewusst Zeit zu nehmen, um mit sich selbst zu kommunizieren, ist besonders wichtig und förderlich. Fragen wie: Was passiert gerade mit mir? Warum fühle ich mich so? Was kann ich daran ändern? Welche Schritte bin ich bis jetzt gegangen und welche neuen Schritte kann ich gehen?, können dabei helfen, wieder zur Visualisierung und Festigung des Ziels beizutragen. Es ist nämlich eine neue Identität, die du selbst kreierst, was ein wirklich großes Vorhaben ist.

Schreib die Regeln, die du dir gegenüber hast, um. Wir Menschen definieren uns unsere eigenen Regeln fürs Leben. Das größte Problem ist, dass wir uns unrealistische Regeln vorgeben. Regeln, bei denen uns schon bewusst ist, dass wir diese nicht meistern werden. Denn leider haben wir schon eine gewisse Einstellung uns gegenüber, dass wir vieles nicht so meistern werden, wie wir es uns wünschen. Aufgrund dessen beschäftigen wir uns nicht länger mit dem Thema und sind so auch nie in der Lage, uns ein konkretes Ziel zu setzen. Wenn wir zudem mit dem Denkansatz herangehen, dass wir etwas lediglich ausprobieren werden, ist das Scheitern bereits vorherbestimmt. Wie wir unser Vertrauen stärken, wird in diesem Buch ebenfalls an späterer Stelle behandelt.

Dabei ist es besonders wichtig, welche Rollen wir uns im Leben geben. Wir können so viele Rollen im Leben haben, wie wir wollen. Viele dieser Rollen erlauben wir uns allerdings selbst nicht, auch aufgrund unserer inneren Programme aus der Vergangenheit oder weil sie nicht dem eigentlichen und vermeintlichen Ziel dienen. So oder so ist die Erhöhung unseres eigenen Selbstwertes essenziell, um in unserem Leben glücklicher und lebensfreudiger zu sein. Warum eine geringe Anzahl an Rollen uns nicht guttut und wie sie unser Leben sogar in den Ruin treiben kann, soll an späterer Stelle geklärt werden. Man sollte immer bedenken: Viele unterschiedliche Rollen machen uns stark. Sie machen uns selbstbewusst und lassen aus uns einen anderen Menschen herausstrahlen.

All diese aufgeführten Techniken werden ein besseres

Leben bedeuten, geprägt von Freiheit im Kopf. Ein Leben ohne Schuldgefühle. Ein Leben mit mehr Bewusstsein. Ein Leben mit mehr Spaß. Ein Leben mit mehr Zeit. Ein Leben in einer besseren und glücklicheren Beziehung. Ein Leben, in dem du weißt, was du willst. Ein Leben mit besserem Sex. Ein Leben, ohne für andere funktionieren zu müssen. Ein Leben in voller Fülle. Denn du bist es wert, dein Leben nach deinen Vorstellungen zu führen.

Eine kurze Anmerkung noch, bevor wir uns den Inhalten widmen. Um den Lesefluss nicht zu stören, schreibe ich in diesem Buch in einer Geschlechtsform. Wenn ich von unserem Gegenüber schreibe, wende ich in den meisten Fällen die «er»-Form an. Natürlich sind die Inhalte auch auf homosexuelle Paare zutreffend, da es unabhängig vom biologischen Geschlecht weibliche und männliche Energien in Beziehungen und Lebenssituationen gibt.

Du trägst nicht die Schuld – Verantwortung ist der goldene Schlüssel

n vielen Situationen wirst du feststellen, dass die Vergangenheit einen Einfluss auf deine heutige Weltanschauung sowie deine Verhaltensweisen hat. Aufgrund dessen werde ich in vielen Kapiteln darauf Bezug nehmen, um deinem «Erwachsenen-Ich» alle relevanten Informationen zu erklären. Denn die Vergangenheit hat uns geprägt, wie wir heutzutage über uns denken. Natürlich ist dies nicht immer und in allen Bereichen unseres Lebens sichtbar, da wir uns stetig weiterentwickeln und somit auch andere Charaktereigenschaften und Denkweisen im Jugend- sowie im Erwachsenenalter von unserem Umfeld übernehmen bzw. uns anpassen. Die meisten Probleme lassen sich aber erklären, wenn man die Kindheit genauer unter die Lupe nimmt. Aus diesen alten Problemen resultieren nämlich durchaus Ereignisse, die für dich zu Erkenntnissen werden können. Deine Eltern haben dir die Brille mitgegeben, mit der sie die Welt sehen. Das bedeutet, du betrachtest viele Gebiete im Leben mit der von ihnen aufgesetzten Brille. Auch wenn viele Frauen behaupten, sie wollen nie so werden wie ihre Mutter, tauchen überraschenderweise im späteren Alter einige Parallelen auf. Vielleicht hast du den Satz: «Du bist wie deine Mutter», schon einmal von deinem Partner gehört.

Während ich mich in den folgenden Kapiteln auf die Vergangenheit beziehe, ist es weder mein Ziel, deine Eltern für deren Verhaltensweisen zu kritisieren, noch zu bewerten. In einigen Elternhäusern gab es eventuell Vorfälle, die keiner anschaulichen und verantwortungsvollen Erziehung dienen. Als Kind wünscht man sich gern jemanden, der für einen da ist und einem hilft, aber nicht jeder hatte diese behütete Kindheit. Auch wenn dich einige Dinge mit Wut, Trauer oder auch Schamgefühlen aufladen, kannst du an diesen Geschehnissen wachsen. Das Ziel hierbei ist es nicht zwingend, alles zu verstehen, sondern das zu ändern, was in unserer Macht steht, um unser Leben zum Positiven zu wenden. Dies ist kein Buch, welches nach dem Motto handelt: «Wir denken einmal positiv und unser Leben ist im Vergleich zu damals ein ganz anderes», sondern es ruft dazu auf, eine tagtägliche bewusste Entscheidung mit sich selbst zu erarbeiten, um sich zu entwickeln und in die Eigenreflexion zu gehen. Auch wenn einige Dinge ungemütlich sind, sie sind es dennoch durchaus wert, betrachtet zu werden, denn diese können wir nutzen, um eine noch stärkere Frau mit noch mehr Selbstbewusstsein und -vertrauen aus uns selbst zu erschaffen.

Der erste Schritt ist zu verstehen, dass du die Macht hast, die Geschichte für dich so attraktiv wie möglich zu gestalten. Wichtig ist es, sich dabei bewusst zu machen, dass deine Eltern dir keinen Schmerz abnehmen können. Das ist auch gar nicht deren Verantwortung. Auch wenn sie vielleicht kommuniziert haben, dass du nicht gut genug bist. Auch wenn sie dir verständlich gemacht haben, dass du es nicht wert bist, geliebt zu werden. Auch wenn dir all das Schmerzen bereitet hat, hast du die Möglichkeit, dieser «Geschichte» eine andere Interpretation zu geben. Diese Schmerzen sind für dich hilfreich, eine noch unabhängigere Frau aus dir heraus zu formen. Es nutzt weder dir noch deinen Eltern, die Verantwortung für ihre Taten ihnen zuzuschreiben. Denn diese können die Vergangenheit nicht wieder rückgängig machen. Auch wenn sie sich für ihre Taten entschuldigen sollten, wird dein Schmerz nicht automatisch aufgelöst werden. Ich sage hier nicht, dass ein Gespräch mit den Eltern nicht hilfreich sein kann. Wenn es sich richtig anfühlt, deine Sorgen und Ängste auf eine nicht bewertende Art mit deinen Eltern zu teilen, kann dies eure Beziehung sogar stärken. Sich den Problemen anzunehmen, kann sich ziemlich angenehm für beide Parteien auswirken. Wie du das Thema am besten ansprichst, damit keine weiteren Probleme deiner- oder ihrerseits entstehen, erfährst du im Laufe des Buches. Es ist wichtig, das Gespräch in einer angenehmen Atmosphäre zu führen.

In manchen Situationen agieren wir mithilfe unserer Stimme bzw. Stimmlage. Wir wollen unserem Gegenüber damit zeigen, dass wir Schmerz oder Trauer empfinden und das auf möglichst subtile Art und Weise. Bemerken wir dieses Verhalten bei uns, möchten wir offensichtlich der anderen Person nicht nur zeigen, was in uns vorgeht, sondern nehmen automatisch ihr gegenüber eine schuldzuweisende Haltung ein. Wir wollen sie für ihre Taten leiden lassen, denn hier kommt unser Ego mit ins Spiel. Unser Ego möchte, dass andere den Schmerz spüren, den sie uns zugefügt haben. Das Ego möchte andere dabei nicht böswillig verletzen, sondern dich selbst davor beschützen, noch einmal verletzt zu werden. Das Problem hierbei ist, dass das Ego nur den Schmerz spürt, aber nicht reflektieren kann, woher genau dieser kommt. Es merkt, dass eine Person der Auslöser für eine Verletzung in dir war. Es kann aber nicht unterscheiden, ob dir diese Verletzung von jemandem zugefügt wurde oder ob du selbst nicht mit dir in Balance bist. Wenn jemand zu dir sagt: «Du bist hässlich», dann ist dies als ein direkter Angriff zu werten. Wenn jemand zu dir sagt: «Bei diesem Design gibt es noch Luft nach oben», dann greift er dich nicht als Person an, sondern macht darauf aufmerksam, dass du dieses Design besser meistern kannst. Wenn wir aber nicht mit einer Transparenz, sondern mit einem Filter wie: «Ich bin für diese Aufgabe nicht gut genug», durch die Welt gehen, wird sich unser Ego sehr oft gekränkt und verletzt fühlen. Halten wir keinen Moment inne und reflektieren das Gesagte, breitet sich in uns ein Gefühl des Verletztseins aus. Somit geben wir die Verantwortung ab, denn wir kümmern uns nicht um unser eigenes Gefühl. Wir ergründen nicht, warum wir uns so gefühlt haben und ob wir uns so fühlen wollen. Wenn wir uns weiter auf unserem Pfad des «der andere hat mich verletzt» bewegen, möchte das Ego hier, gegenüber dir, aufmerksam machen, dass es verletzt worden ist. Bei den meisten Frauen sieht das dann so aus: «Du, Brigitte, wusstest du, dass dem Chef mein Design nicht gefällt?» «Ach was, das sieht doch so super aus, wie kann ihm das nur nicht gefallen?» Und dieser Fakt wird bis ins Unendliche zerredet, damit dieses Gefühl nicht mehr so stark in uns präsent ist, heißt, statt zu reflektieren, holen wir uns von anderer Seite Zuspruch und Bestätigung. Nicht nur positive Bestätigung hinsichtlich des vorher als bemängelten Zustandes, sondern auch hinsichtlich der Tatsache, dass, wie in unserem Fall, der Chef völlig falsch lag in seiner Einschätzung.

Das Ego kann also nicht charmant mitteilen und dies solltest du bedenken, wenn du dich deinen Eltern aufgrund der Vergangenheit anvertrauen möchtest. Dabei könntest du versehentlich deiner Mutter oder deinem Vater Schuldgefühle vermitteln, die sie gar nicht verdient hätten. Auch wenn sie dir Schmerzen bereitet haben, ist es deine Verantwortung, trotz dessen dein

Traumleben zu bauen. Du hast die Wahl, ob du dich für ein Leben voller Leid und Dunkelheit oder für ein Leben voller Licht und Liebe entscheidest. Du hast beispielsweise nie gelernt, wie es wirklich ist, von jemandem liebevolle und warmherzige Nähe zu erhalten. Aus diesem Grund fällt es dir heutzutage schwer, Menschen zu vertrauen oder sogar mit ihnen in eine tiefere Ebene eintauchen zu können, dich ihnen zu öffnen. Anstatt zu sagen: «Meine Eltern waren nie für mich da, deswegen weiß ich nicht, was echte Liebe bedeutet», hast du auch die Möglichkeit zu sagen: «Meine Eltern waren nicht für mich da, deswegen habe ich in jungen Jahren schon gelernt, selbstständig zu sein. Aufgrund meiner Selbstständigkeit bin ich bereit zu lernen, was wahre Liebe wirklich ist.» Das klingt in diesem Satz so einfach, ist aber für einige in der Umsetzung schwer. Plötzlich versteckt man sich nicht mehr hinter seiner Vergangenheit. Plötzlich bindet man sich nicht die Hände und gibt den anderen den Schlüssel für deren Öffnung. Man kann sich nicht mehr verstecken. Viele Menschen wollen das nicht. Du gehörst nicht zu diesen Personen. Mit diesem Buch hast du dich für einen anderen Weg entschieden. Diese Gedankengänge und das Verständnis für eine Frau, die Verantwortung übernimmt, ihre Emotionen in die richtigen Bahnen zu lenken, wirst du hier bekommen.

Wenn bei uns das Bewusstsein gegenüber unseren eigenen Gefühlen steigt, dann kann ein Unbehagen aufkommen oder sogar ein Gefühl des Bereuens. Diese Sachen möchte ich vorab klären, denn wenn man eine ganz andere Einstellung zum Leben bekommt und vor allem die Verantwortung bei einem selbst liegt, hinsichtlich der Art und Weise, wie man die gewissen Dinge betrachtet, dann kann einem plötzlich klar werden, dass man bis jetzt nicht immer bewusst auf gewisse Dinge reagiert hat, wie man es vielleicht hätte tun sollen. Außerdem hat doch bis jetzt alles immer gut funktioniert, warum also sollten wir etwas ändern? Warum sollten wir uns für einen möglicherweise unangenehmen Prozess entscheiden? Weil wir mit jedem Tag, den wir uns weiterhin verhalten, wie wir es seit jeher tun, unsere Zeit verschwenden. Weil wir uns selbst damit wehtun, wenn wir keine Verantwortung übernehmen. Jedes Mal, wenn wir wissen, wir könnten anders agieren, verschafft es uns einen inneren Druck, den wir später versuchen, mit Alkohol, Zucker oder übermäßigem Konsum von Serien bzw. Videospielen zu betäuben.

Wir sollten fest daran glauben und auch so sein wie die Person, die wir sein bzw. werden wollen. Wenn wir es versuchen, oder nur kurz reinschnuppern, dann bestätigen wir uns so den Gedanken, dass wir es nicht sind und wir es auch nicht wollen. Das bringt uns zu der Annahme, dass, wenn wirklich etwas mit unserem neuen Ich nicht funktioniert, wir vor uns selbst so dastehen, als hätten wir es nicht drauf, könnten unsere Ziele nicht erreichen. Dadurch sinkt unser Selbstwert noch weiter, die angestrebten Ziele wurden nicht erreicht. Wir sind frustriert und führen das uns vertraute Leben. Stattdessen sollten wir daraus eine Identität bauen. Eine Frau kreieren, die weiß, dass sie alles ändern kann. Eine Frau, die für sich einsteht. Denn du bist es wert, dein Leben nach deinen Richtlinien zu führen. Du bist es wert, dein Leben selbst in die Hand zu nehmen. Bist du bereit, mit auf eine Reise zu kommen? Eine Reise, in der du dich selbst noch mehr kennenlernen darfst. Eine Reise, bei der du dich selbst verstehen darfst. Eine Reise, bei der du Gefühle ausleben darfst. Eine Reise, die du nur für dich machst. Dein Umfeld profitiert auch davon. Es ist die Identität, die du annimmst, die zu sein, die du sein willst.

Worauf du deinen Fokus legst, das wird auch in deinem Leben wachsen. Ich habe schon viele Menschen dabei beobachtet, wie diese ihre eigenen Sorgen und Ängste mental wachsen lassen, wenn man mit ihnen darüber spricht. Alle Menschen wollen Aufmerksamkeit und diese wird ihnen gegeben, wenn ihre Probleme angesprochen werden. Wenn wir später über die Vergangenheit sprechen, ist es am besten, sie mit einer Sachlichkeit zu betrachten. Es werden sogar Sachen von deinem Gehirn uminterpretiert, um dir die Bestätigung deiner damaligen Verletzungen zu geben. Dieses damit geschaffene Leid ist nicht das Ziel dieses Buches. Ich möchte hier keinen Wettstreit beginnen lassen, bei wem die kindlichen Ereignisse am schlimmsten von allen gewesen sind. Diesen Schmerz, der in uns da ist, wollen wir analysieren und daran arbeiten. Wir wollen aus diesem Schmerz kein Leid erschaffen. Nur wenn wir uns auf unsere Lösungsmöglichkeiten und Verbesserungen konzentrieren und in unsere wahren Emotionen zu 100 Prozent eintauchen, können wir echte Erfolge erzielen. Das bedeutet, wir fokussieren uns nur auf die Dinge, die uns wachsen lassen, damit diese immer größer werden können.

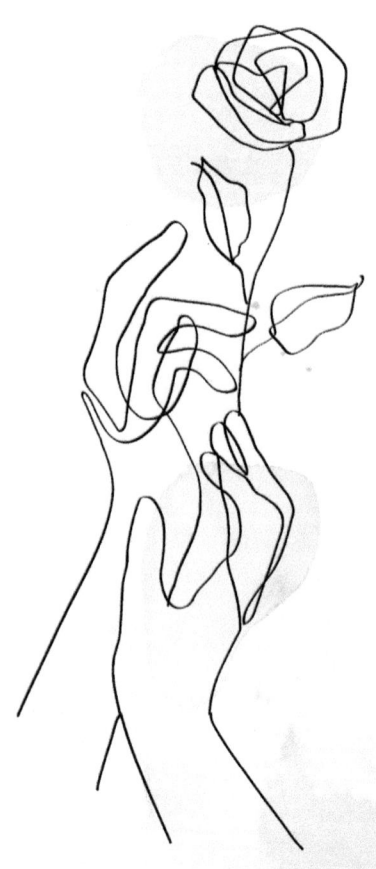

Die Gefühle einer Frau kann keiner übersehen

Wir verstehen jetzt, dass es in unseren Händen liegt, die Welt so anzusehen, wie wir es wollen. Du hast die Macht, auf bestimmte Gedankengänge so zu reagieren, wie du es für angebracht hältst. Doch was passiert, wenn die Gefühle mit ins Spiel kommen? Wir Frauen sind offensichtlich dafür bekannt, die Leiter der emotionalen Reife höher erklommen zu haben als die Männer.[1] Sollten wir damit aufhören, unsere Gefühle zu zeigen, und nach einem sofortigen Lösungsansatz suchen, wenn ein Problem auftritt? Nein. Wir sind Frauen und wir dürfen uns so akzeptieren, wie wir sind. Wenn uns eine Situation belastet, dann ist es unser gutes Recht, so lange zu weinen, bis keine Taschentücher mehr übrig sind und darüber hinaus. Wie entstehen aber überhaupt solcherlei Gefühle? Die folgende von mir beschriebene Darstellung ist eine Vereinfachung dessen, wie es biologisch in uns aussieht.

In unserem Gehirn haben wir viele Nervenzellen. An jeder Nervenzelle befinden sich Rezeptoren und diese sind miteinander verbunden. Das bedeutet, dass alle Nervenzellen auch miteinander verbunden sind. Bekommen wir einen Impuls, also sagt beispielsweise jemand etwas zu dir und/oder du denkst dir etwas, wird ein Impuls aktiviert, der dann eine Bahn abläuft. Diese Bahn sind unsere Gedankengänge. Aufgrund der Gedankengänge, die wir haben, kann ein Gefühl in uns aktiviert werden. Das bedeutet, Gefühle resultieren daraus, welche Weltanschauung, Überzeugungen oder Blockaden ich gegenüber mir selbst habe. Deswegen sollten wir uns immer achtsam gegenüber unseren Gefühlen verhalten. Wenn wir diese nämlich als störend oder unbedeutend erachten, nehmen wir uns dabei nicht ernst. Wenn unsere Gedanken eine Situation bewerten, löst dies ein Gefühl in uns aus. Bewertungen sind dabei nichts Schlimmes, wenn wir diese abschalten, wären wir frei von Gefühlen. Damit schließen wir aber auch alle positiven Gefühle, wie Freude oder Liebe, aus. Die Bewertung, die wir in einer bestimmten Situation geben, passiert aufgrund des Empfindens, das wir gegenüber unserem eigenen Selbst haben.

Wenn du zum Beispiel deinen Mann dabei beobachtest, wie er sich etwas Saft in ein Glas einfüllt und er dabei versehentlich etwas verschüttet und diesen Fleck mit einem weißen Geschirrtuch abwischt, kann das in dir ein Gefühl von Ärger oder Wut auslösen. Dein Gehirn hat deiner Wahrnehmung eine Bewertung gegeben. Während du also gesehen hast, wie er den Fleck wegwischt, hast du die Situation nicht objektiv betrachtet. Möglicherweise hast du dir gedacht, dass du das Tuch jetzt waschen musst oder dass der rote Fleck gar nicht mehr weggeht und du das Tuch sogar wegschmeißen musst. Bei diesen Gedanken wurde eine Bahn in deinem Gehirn abgefahren. Das passiert so schnell in unserem Unterbewusstsein, dass wir das nicht merken, welche Gedankengänge in uns etwas auslösen. Doch das ist nur deine Sicht der Situation. Jetzt stell dir vor, du würdest den besten Freund deines Mannes in diese Position stellen. Er würde also genau die gleiche Situation beobachten wie du. Würde er dieselben Gedankengänge haben? Würde er genauso empfinden wie du? Nein, natürlich nicht. Jeder Mensch sieht diese Situation anders und in jedem Menschen herrschen aufgrund dessen andere Gefühle. Diese Bewertungen sind nichts Negatives. Wir bewerten Menschen ständig. Natürlich sind Bewertungen etwas Subjektives. Jeder hat andere Gedanken aufgrund seiner Eindrücke, Denk- und Verhaltensweisen, die er in der Kindheit gesammelt hat. Das bedeutet, dass die Situation mit deinem Mann nur bei dir etwas auslösen kann, da bei dir im Inneren etwas vorgeht. Diese Synapsen sind so komplex miteinander verstrickt, dass natürlich auch viele an «alte» Programme angeschlossen sind. Beispielsweise solche, die in der Kindheit entstanden sind. Also kann nicht nur ein Gedankengang fortgesetzt werden, er kann sogar eine Erinnerung aus der Vergangenheit hervorrufen. Das wiederum kann auch ein Gefühl auslösen. Diesem Gefühl sollte man jetzt auf die Spur gehen. Warum sich das lohnt? Wenn wir jetzt die in der Vergangenheit angesammelte Wut rauslassen, ändert sich an der echten Situation nichts. Danach fragen wir uns oft, warum wir in diesem Moment so und nicht anders gefühlt haben. Warum will etwas in mir meine Aufmerksamkeit und was will es mir sagen? Wenn wir uns diese Fragen, bezogen auf die vorherige Situation, stellen, kommen wir zu sehr interessanten Erkenntnissen. Auf dem Weg zum Kontakt mit deinen Gefühlen ist es nötig, dass du dich vom Gefühl trennen kannst. Denn du bist nicht das Gefühl. Du bist ein Mensch, der das Gefühl in sich trägt. Dabei spielt unser Sprachgebrauch eine wichtige Rolle. Sprache ist eines unserer mächtigsten Werkzeuge. Wenn du zum Beispiel sagst: «Ich bin traurig», projizierst du das Gefühl Trauer auf dich. Dein ganzes Wesen verwandelt sich dann in ein Gefühl der Trauer. Denn wenn du dich mit einem Gefühl identifizierst, füllt es dich komplett aus. Sagen wir aber: «In mir ist gerade das Gefühl der Trauer», oder: «Ich fühle mich traurig», grenzen wir uns von dem Gefühl der Trauer ab. Diese scheinbar kleine Unterscheidung ist sehr relevant. Denn wenn du der Meinung bist, dass du das Gefühl bist, passiert es ganz oft, dass du dich weiter in dieses Gefühl hineinsteigerst. Das führt allerdings leider oft weg von dem, was du eigentlich willst. Denn durch das Verstärken bekommt es eine schädigende Bedeutung in unserem Leben. Wir fühlen uns dadurch mental kleiner und wollen im schlimmeren Fall sogar den anderen mit in unser Gefühl einbeziehen. Denn wenn ein Gefühl unsere volle Aufmerksamkeit hat, fängt es an, die Kontrolle zu übernehmen. Auf einer unterbewussten Ebene merken wir das und wollen daraus fliehen. Dabei kann es passieren, dass wir Menschen in unserem Umfeld durch einen Impuls verletzen. Denn das, was wir in uns tragen (hier in diesem Beispiel das Gefühl der Trauer), strahlen wir auf andere ab. Bleiben wir bei unserem vorherigen Beispiel, als dein Mann den Saft mit dem weißen Tuch abgewischt hat: Unser Ziel ist es hier, dass der Partner das nächste Mal ein Einwegtuch verwendet. Gehen wir jetzt in das Gefühl der Wut hinein, kann es passieren, dass wir auf eine für ihn so kleine Sache zu übertrieben reagieren. Wenn wir nicht wissen, wie und von welcher Seite wir das am besten ansprechen sollen, kann es passieren, dass wir uns ihm gegenüber mental verschließen. Stille und kurze Antworten sind dann an der Tagesordnung. Das passiert so lange, bis er uns genug gefragt hat, ob alles in Ordnung ist. Dieses genug ist nie nur ein Mal. Fragt er nicht oft genug, platzt es aus uns bei einer anderen Situation heraus. Dann sind wir aufgrund ganz kleiner, total irrelevanter Sachen, die er macht oder eben auch nicht, wütend und gehen ihn diesbezüglich an.

Damit erreichen wir aber nicht, was wir ursprünglich wollten. Denn Streit war das ganz sicher nicht. Deswegen ist es am besten, das Gefühl bewusst zu ergründen. Ein stumpfes Ignorieren bringt nichts, denn dieses Gefühl will deine Aufmerksamkeit. Wenn du also merkst, wie sich die Wut in dir breitmacht, ist es an der Zeit, dich zu befragen. Stell dir so viele «Warum»-Fragen wie möglich.

Warum ist dieses Gefühl gerade da?
- Weil er das Tuch schmutzig gemacht hat und sich dieser Fleck wahrscheinlich nicht mehr komplett entfernen lässt.

Warum stört mich das?
- Weil er mir dadurch mehr Arbeit macht.

Muss ich mir diese Arbeit machen und wenn ja, warum stört mich diese Arbeit?
- Ja, weil er den Fleck nicht so gut abbekommt und er nicht bemerkt, wie viel ich für ihn tue.

Warum sollte er das bemerken?
- Damit er anerkennt, dass ich ein wertvolles Mitglied dieses Haushaltes bin.

Das Problem hier ist es nicht, dass der Mann das weiße Tuch benutzt. Sondern, dass er anerkennen soll, dass im Haushalt viel beigesteuert wird. Das herauszufinden, kann etwas Zeit in Anspruch nehmen, aber diese Erkenntnis ist durchaus heilsam, denn du bist deinem Gefühl gefolgt und hast es ergründet. Mit dieser Erkenntnis kannst du jetzt arbeiten, denn jetzt kennst du deinen wahren Wunsch. Da wir Frauen solch einen guten Bezug zu unseren Gefühlen herstellen können, sollten wir diesen Vorteil auch nutzen.

Wenn wir einmal den wirklichen Wunsch hinter dem Gefühl herausgefunden haben, spielt die Kommunikation eine essenzielle Rolle.

Bevor wir gemeinsam eine nicht-bewertende und respektvolle Kommunikation erarbeiten, möchte ich mit dir in einen anderen Menschen eintauchen. Wenn wir weiter bei der Geschichte mit dem Geschirrtuch bleiben, ist es dein Mann. Also stell dir vor, du bist er. Möchtest du in diesem Moment gesagt bekommen, dass du etwas falsch machst? Eigentlich nicht. Vor allem, wenn du die Beweggründe und Gefühle deiner Partnerin nicht nachvollziehen und somit ihre Empörung teilen, geschweige denn verstehen kannst. Nicht nur du, sondern auch dein Mann trägt seine inneren Programme bzw. festgelegten Ansichten und Mechanismen mit sich. Fühlt er sich an jenem Tag bereits in seinem Selbstwert gekränkt, wird er sich höchstwahrscheinlich angegriffen fühlen. Der Mann möchte von Natur aus für die Frau als eine Führung und ein Beschützer agieren. Er möchte also lediglich «genug» sein. Das liegt in seiner Natur. Wenn du ihm jetzt unterstellst, dass er etwas nicht richtig gemacht hat, schaltet er in folgenden Modus: «Ich bin ihr nicht genug.» Das ist natürlich nicht dein Ziel. Nicht-bewertende Kommunikation ist für diese Herausforderung die beste Lösung. Wenn du ihm das also so wertneutral kommunizieren willst, kannst du folgendermaßen vorgehen:

1. Die Gefühle sollten sofort angesprochen werden, denn sonst staut sich das in dir, was wiederum zur Folge hat, dass es dir nicht gut geht bzw. dass deine Emotionen in einer unangemessenen Situation aus dir herausplatzen.

2. Am Anfang ist es essenziell zu wissen, dass dir dabei etwas nicht passt. Das bedeutet, wir nehmen den Mann aus der Verantwortung, für dich alles richtig machen zu müssen.

3. Da wir unseren wahren Wunsch schon ergründet haben, kommunizieren wir das in der «Ich-Botschaft». Dies kann dann zum Beispiel so aussehen:
   «Ich habe gerade gesehen, dass du das weiße Geschirrtuch benutzt hast. Ich bin mir sicher, dass der Fleck nicht weggeht, und ich habe das Gefühl, dass du dadurch meine Arbeit nicht wertschätzt.»

4. Wichtig ist hier, dass du dein Gefühl klar kommunizierst. Du kannst nicht davon ausgehen, dass er deine Arbeit nicht wertschätzt. Denn in seiner Wahrnehmung kann er das durchaus von sich glauben.

Eine offene Kommunikation ist das Fundament jeder guten Beziehung. Grundlegend sollten alle Bedürfnisse klar und verständlich beim anderen ankommen. Dem Mann nur einsilbig zu antworten, sich aus Gesprächen zurückzuziehen oder mit ihm keinen Sex mehr zu haben, bis er durch endlose Fragen herausfindet, dass sein Verhalten nicht angemessen war, ist nicht die optimale Lösung und lässt euch lediglich aneinander verzweifeln. Es bringt niemanden voran. Damit entziehen wir uns aus der Verantwortung und begeben uns zurück in unser altes Muster. Sollten wir dies jetzt aus irgendwelchen Gründen nicht ansprechen, staut sich das an. Alles, was sich anstaut, möchte heraus, wie du bereits weißt. Das kann dann der Auslöser sein, die nächsten Tage einen Streit zu provozieren. Dies wiederum führt nicht zur Lösung des Problems, sondern fügt ein neues Problem hinzu.

Da wir Frauen in den meisten Situationen dazu neigen, zu überangepasst zu sein, kann uns schon ein kleiner Blick dazu drängen, unsere Gefühle zu verstecken. Eine ausführliche Erklärung zum Wort «überangepasst» findest du in den kommenden Kapiteln. Wenn wir für die Eltern damals als Störfaktor wahrgenommen wurden, bildet sich in deinem Gehirn das Programm, dass du artig sein sollst. Deswegen entwickeln Kinder ein Gespür, was den Eltern nicht passen könnte, um diese Bedürfnisse schnellstmöglich zu befriedigen. Wenn wir dann später beim Partner einen Blick wahrnehmen, der nur im Ansatz genervt wirkt, kann uns das wieder in dieses kindliche Gefühl zurückversetzen. Wir fühlen uns erneut, als wären unsere Bedürfnisse und Gefühle nicht berechtigt. Das kann sich sehr belastend auf unser Leben auswirken und zwar in sämtlichen Bereichen. Durch das ständige «es dem anderen recht machen zu müssen», geben wir auch unsere Freiheit auf. Es ist wichtig, sich immer vor Augen zu führen, dass alle Gefühle ihren Raum haben dürfen und absolut berechtigt sind. Gefühle sind wichtig, man sollte immer auf sie hören und diese niemals betäuben.

Es gibt nämlich einen Unterschied, ob die Gefühle beobachtend gefühlt oder ob diese in das Extreme ausgedehnt werden. Dies kann man bei den Gefühlen «Leid» und «Schmerz» ziemlich gut beobachten: Belastet uns eine Situation seelisch, empfinden wir dabei das Gefühl von Schmerz. Steigern wir uns dennoch in dieses Gefühl hinein, entsteht Leid. Schmerz passiert, aber Leid ist eine von uns gewählte Entscheidung. Leid kann nur dann entstehen, wenn das Ego ein bestimmtes Ziel verfolgt. Fast immer ist dieses Ziel, Aufmerksamkeit zu erhalten. Bleiben wir bei unserem Beispiel mit dem verschütteten Saft. Macht dich dieser Anblick traurig, dann ist das Gefühl von Schmerz in dir präsent. Versuchst du jetzt aber über dieses Gefühl deinen Partner auf einer direkten Art und Weise daran teilhaben zu lassen, dann hast du dir selbst Leid erschaffen. Aufgrund dessen ist es wichtig, seine Gefühle ernst zu nehmen, allerdings nur in dem Ausmaß, in welchem sie präsent sind.

Was sind
Glaubenssätze?

Wie denkst du über dich selbst? Welche Gefühle kommen dir entgegen, wenn du an dich denkst? Welche Assoziationen hast du mit dir? Welcher Mensch bist du momentan? Und welcher Mensch möchtest du werden? Wie denkst du über dein Leben? Wie verhältst du dich gegenüber anderen Menschen? Wie ist deine Beziehung zu deinen Kindern? Wie oft sagst du deinem Partner, dass du ihn liebst? Das sind Fragen, die dich als Person beschreiben. Denn du bist nicht die Person, die andere in dir sehen. Du bist die Person, die du dir «zusammendenkst». Das, was du über dich denkst, das strahlst du aus. Wie du dich gegenüber den Menschen in deinem Umfeld verhältst, zeigt, wie du dich selbst behandelst. Du kannst andere nicht lieben, wenn du dich selbst nicht liebst.

Vielleicht werden jetzt einige sagen: «Ich mache für meinen Mann und für meine Kinder so viel. So viel mache ich nicht mal für mich.» Das kann gut sein, was ist aber der wirklich wahre Grund, warum du so viel für die anderen tust? Geschieht das aus Liebe? Auch wenn wir Menschen über alles lieben, so kann es trotzdem passieren, dass wir nicht alles für diese Menschen aus Liebe machen. Ich bin mir sicher, du liebst deine Kinder über alles. Ich möchte dir hier nur ins Bewusstsein holen, dass da ganz tief drinnen ein anderer Grund mit dabei sein kann, warum man sich so viel Mühe gibt. Anerkennung, akzeptiert und gelobt werden oder Erwartungen entsprechen, sind solche Gründe. Wenn dieses Ziel aber durch diese Handlungen nicht erfüllt wird, ist es ziemlich belastend. Bist du damit glücklich, dass du eine Frau bist? So wie du über dich denkst, so denkst du über die anderen. Alles, was du dir nicht erlaubst, erlaubst du den anderen nicht. So wie du dich zu dir selbst verhältst, verhältst du dich auch zu den anderen.

Wenn wir auf die Welt kommen, sind wir noch wie ein unbeschriebenes Blatt Papier. Das bedeutet, dass alle Eindrücke, die wir als Säugling und später als Kleinkind sammeln, unsere späteren Verhaltensweisen bestimmen. Denn unser Verständnis von der Welt wird in diesen Jahren gebildet. Deine Eltern sind das einzige Umfeld, das du in diesen Jahren hast. Alle deine Verhaltens- und Denkweisen übernimmst du also von ihnen.

Natürlich hast du im Lauf der Zeit deine eigenen Eindrücke von der Welt gesammelt und es haben sich viele neue Neuronen gebildet, die mit anderen Denkweisen durchströmt wurden. Dennoch hat uns die Zeit als Säugling und als Kleinkind stark geprägt, weil damals die ersten Verknüpfungen der Neuronen vonstattengingen. Die daraus resultierende Schlussfolgerung ist, dass Sätze, die deine Eltern zu dieser Zeit gesagt haben, zu deinen Glaubenssätzen wurden. Die Zeit, in der du noch ein Kleinkind warst, ist schon ziemlich lange her, weswegen es nicht immer einfach ist, ganz bewusst an diese sogenannten «Programme» heranzukommen. Unser bewusster Verstand und unser Unterbewusstsein glauben nämlich sehr häufig zwei unterschiedliche Wahrheiten. Vielleicht denken wir, wir sollten smart und nicht hart arbeiten, um unser Geld zu vermehren. Unser Unterbewusstsein ist aber der Meinung: «Ohne Fleiß kein Preis.» Ganz besonders in den jungen Jahren werden uns von unseren Eltern Glaubenssätze mitgegeben. Das machen aber die Eltern nicht mit einer besonderen Absicht, sondern sie agieren dabei unbewusst. Ein Kind adaptiert das Verhalten, das es sieht, denkt aber von sich selbst das, was es hört. Hat dein Vater beispielsweise damals zu dir gesagt, dass nur Erwachsene rauchen, kann sich dieser Sachverhalt in dir verwurzelt haben. Damit es sich langfristig verwurzelt, ist es zudem notwendig, dass du diesen Sachverhalt auch glaubst. Hast du als Kind nun häufiger deinen Vater und seine Freunde beim Rauchen gesehen, wird dieser Satz zur Wahrheit. In der Pubertät haben dich nur wenige als erwachsen anerkannt. Dabei ist das einer der sehnlichsten Wünsche eines jeden Teenagers. Plötzlich kommt dieser Satz aus der Kindheit wieder zum Vorschein: «Erwachsene rauchen». Natürlich beginnst du zu rauchen, um dich wie ein Erwachsener zu fühlen.

Nicht nur Sätze, die wir als Kind gehört haben, oder Handlungen, die wir beobachteten, auch unsere eigenen Reaktionen programmieren uns. Um als Kind an ein von uns gewünschtes Ziel zu kommen, probieren wir verschiedene Methoden aus. Wir begehen beispielsweise einen Fehler. Daraufhin wollen die Eltern ein für uns als Kinder unangenehmes Gespräch führen. Du entwickelst den natürlichen Drang, aus diesem Gespräch zu entfliehen. Damit sich die Eltern wieder «lieb» dir gegenüber verhalten, werden verschiedene Taktiken ausprobiert. Trotzen, weinen, nervig sein oder ausrasten sind nur einige Methoden. Funktioniert eine dieser Methoden, bildet sich in deinem Gehirn eine «Bahn». Dieser Weg aus verschiedenen Impulsen besagt dann zum Beispiel: «Wenn ich etwas will, muss ich nur weinen.» Wird diese Methode oftmals erfolgreich angewandt, verstärkt das natürlich mit jedem Mal diese «Bahn». Dieser Mechanismus verankert sich und die «Lösungsmethode» bleibt bis ins hohe Alter bestehen. Das erkennst du sehr gut, wenn du mit deinem Partner ein ungemütliches Gespräch führst. Kannst du die Situation nicht mehr rational bewerten, tritt das Gehirn aus der Ratio heraus und begibt sich in die Emotio. Somit wird es nicht mehr von «dir» gesteuert, sondern läuft die «Bahnen» im Gehirn ab, die sich damals zur Schmerzvermeidung gebildet haben. Daraus resultiert dann die Denkweise und das Verhalten: «Ich werde weinen, dann ist er nicht mehr so streng zu mir.» Diese Mechanismen passieren natürlich alle in unserem Unterbewusstsein und so schnell, dass wir diese kaum mitbekommen. Steht uns kein bekannter Datensatz zur Verfügung, um die jeweilige Situation angemessen zu meistern, greift das Gehirn auf die drei Taktiken in unserem limbischen System zu. Diese sind: «angreifen», «weglaufen» und «tot stellen».

Unser Gehirn ist sehr komplex und es sind eine Menge an Glaubenssätzen und unbewusste Mechanismen in uns eingespeichert, mit deren Hilfe wir ein Ziel erreichen und uns in der Welt orientieren können. Das Wichtige dabei ist zu wissen, was genau wir im Leben wollen. Dann können wir die Glaubenssätze, die uns auf dem Weg zum Ziel blockieren, durch andere Glaubenssätze, die uns wiederum fördern, ersetzen.

Deine beste
Freundin
kann deine
schlimmste
Feindin sein

F emale Relationship, oder auch zu Deutsch: «die Beziehung zwischen den Frauen». Kein Vergleich zur Beziehung mit «Schatzi». Frauen können mit anderen Frauen im Kern sehr vertraut und emotional umgehen, auf der anderen Seite genauso bissig und giftig. Während Männer in der Beziehung zu einem anderen Mann oftmals ziemlich offen und direkt sind, haben Frauen auf einigen Gebieten eine leichte Blockade. Diese können wir nicht immer problemlos kommunizieren, aufgrund dessen kommt es leicht zu Kommunikationsproblemen. Das wird dann leider bei einigen Männern als «Frauen sind kompliziert» abgestempelt. Wir sind uns manchmal aufgrund unserer «Komplikationen» nicht immer selbst bewusst, woher diese kommen und warum sie Platz in unserem Alltag suchen. In den darauffolgenden Kapiteln schauen wir uns gemeinsam verschiedenste Situationen an: Alltagssituationen, die jedem schon einmal so oder so ähnlich wiederfahren sind, und Szenarien, die aufgrund unserer Reaktionen darauf entstanden sind. Du wirst lernen, warum diese Verhaltensweisen uns nicht an unser Ziel gebracht haben und wie du es in Zukunft auf eine für uns bessere, Art und Weise erledigen kannst.

Warum sind wir zu Frauen so, wie wir sind?

Ich möchte dir eine Geschichte erzählen. Eine Geschichte, die mich nicht allzu gut dastehen lässt. Damals saß ich in einem schönen Café und betrachtete eine Menschenmenge, die etwas abseits von mir stand. Eine Frau ist mir besonders aufgefallen. Sie war die aktivste der Gruppe. Dies war zweifelsfrei sofort festzustellen, denn die Menschen standen um sie herum, die Männer himmelten sie regelrecht an. Sie strahlte pure Lebensfreude aus. Gut sichtbar erzählte sie ganz aufgeregt etwas. Sie stand im Mittelpunkt. Um sie drehte sich in diesem Moment alles. Als ich sie etwas länger betrachtete, kam in mir ein Funken von Wut hoch. In meinem Inneren kam ein Satz auf. Ich wollte zu mir selbst sagen: «Ich bin trotzdem besser als sie.» Ich ertappte mich glücklicherweise sofort dabei und fing an, diesen Gedanken tiefgründiger zu erforschen. Warum habe ich mich mental über diese Frau gestellt? Einen rationalen Grund gab es da nicht. Auf welchen Gebieten hätte sie mir überlegen sein sollen? Und wenn es etwas gab, wie konnte man das messen? Es handelte sich also um nichts Rationales, sondern um etwas Emotionales. Warum hatte mich die Frau wütend gemacht? Meine Bedenken hatten nichts mit ihr zu tun. Dieses «Problem» gehörte mir in diesem Moment ganz allein. Ich hatte alle meine Sorgen, meine Ängste, Unzulänglichkeiten, Unsicherheiten und meine Blockaden in ihr gesehen. Sie war wie ein Spiegel für mich, genau wie es jeder einzelne Mensch für uns tagtäglich und in jeder Begegnung ist. Ein Spiegel, der mir selbst aufgezeigt hatte, was bei mir im Inneren nicht stimmte. Ich habe meine Gefühle und Gedanken auf diese Frau projiziert. Ich habe in ihr das gesehen, was ich gern haben wollte. Sie hatte in diesem Moment Anerkennung erhalten. Anerkennung von der Gruppe, die um sie herum stand. Ich war derzeit nicht glücklich in meinem Leben und so tobte ein Sturm der Gefühle in mir, als ich merkte, dass ich gern genau diese Aufmerksamkeit bekommen würde. Ich wünschte mir inständig, mit meinen Worten und meinen Taten, ja generell mit meiner Präsenz, diesen Effekt bei anderen Menschen zu erzielen. Ich habe am Anfang nicht verstanden, warum ich so empfinde, und habe unterbewusst versucht, gegen das Gefühl anzugehen. Das war auch der Grund, warum ich mich über sie stellen wollte.

Ich möchte dir eine andere Geschichte erzählen. Möglicherweise kommt sie dir bekannt vor: Luisa sitzt gerade mit ihrem Mann am Esszimmertisch. Es herrscht eine ruhige Atmosphäre beim Abendessen. Dann fragt Luisa ihren Mann: «Na Schatz, wie war dein Tag?» Er fängt an, ihr über seinen ereignisreichen Tag zu erzählen. Luisa freut sich natürlich für ihn. So lange, bis er anfängt, über seine Kollegin zu erzählen, die ihm bei den Steuerunterlagen geholfen hat. Dabei klingt er ganz aufgeregt, weil sie von diesem Thema so viel Ahnung hat und er es bis jetzt nicht schaffen konnte, diese Unterlagen ordentlich auszufüllen. Während er erzählt, fühlt sich Luisa so, als würde sich ihr Brustkorb leicht einengen. Sie bekommt einen seltsamen Schub an Gefühlen, die sie nicht wirklich zuordnen kann. Gedanken wie: «Bin ich gerade eifersüchtig?», oder: «Was ist nur los mit mir?», suchen kurz Platz in ihrem Gehirn. Rational gesehen versteht Luisa, dass es keinen Grund gibt, negative Gefühle zu entwickeln. Sie liebt ihren Mann und vertraut ihm so sehr. Dennoch ist dieses unbeschreibliche Gefühl in ihr. Sie versucht auch weiterhin während des Gesprächs, freundlich zu ihrem Mann zu sein. Das Gefühl breitet sich dennoch weiter aus. Später beim Abwasch wird sie immer mehr und mehr von ihrem Gefühl geleitet. Sie wird wütend, weil ihr Mann das Geschirrtuch nach dem Abtrocknen einfach so auf die Küchentheke gelegt hat. Durch die Gereiztheit und den gerissenen Staudamm der Gefühle in Luisa ist sie beim gemeinsamen Film schauen am Abend nicht sehr erfreut über die Chipsreste, die ihren Platz auf dem Teppich gefunden haben. In ihr tobt ein Unwetter, das den Hurrikan Katrina von 2005 wie das Pusten eines Kleinkindes gegen ein Windrad erscheinen lässt. Als er dann seine Füße auf den Couchtisch legen will, platzt es aus ihr heraus: «Mein Gott, ich habe dir schon 100-mal gesagt, du sollst die Füße nicht auf diesen Tisch legen.» Etwas irritiert und geschockt schaut ihr Mann sie an. Bis hierhin hat er alles als einen entspannten Abend betrachtet. Mit einer gewissen Vorsicht fragt er sie, ob alles okay sei. «Ja», antwortet Luisa in einem Ton, der eindeutig ein «Nein» kommunizieren möchte. Luisa kann ihm ihre Gefühle nicht beschreiben oder sagen, was genau los ist. Um dazu in der Lage zu sein, müsste sie selbst wissen, wie sie sich fühlt. Wenn sich Luisa weiter von ihren Gefühlen leiten lässt, dann projiziert sie die angestaute Wut auch weiter auf ihren ahnungslosen Mann. Denn die Wut kommt nicht daher, dass ihr Mann das Geschirrtuch auf die Theke gelegt hat oder beim Chipsessen nicht sorgfältig gewesen ist. Die Gefühle fingen an, als ihr Mann von der neuen Kollegin erzählt hat. Aufgrund dessen empfand sie ein Gefühl von Neid. Sie hatte zu keinem Zeitpunkt Angst, dass ihr Mann fremdgehen könnte. Ihre Gefühle galten einzig und allein der neuen Kollegin und dem, was Luisa in ihr gesehen hat.

Um das Bild nun komplett zu zeichnen, wird eine weitere Geschichte die letzten Puzzleteile einfügen. In einer amerikanischen Serie ist eine Darstellerin schwanger geworden. Wir nennen diese Frau an dieser Stelle Hazel. Nachdem das Kind geboren war, hat sich Hazel mit ihrer besten Freundin getroffen. Die beste Freundin nennen wir hier Mia. Mia fragt Hazel während des Gesprächs, wie ihr Leben mit dem Kind verlaufe, und sie antwortet, dass es ihr überhaupt nicht gut erginge. Sie zählt all die «belastenden» Dinge auf, die in den ersten Monaten im Vordergrund des Mutterseins stünden. Als daraufhin einige Folgen später die besagte Freundin Mia selbst schwanger wird, beglückwünscht Hazel sie und berichtet, wie toll doch die Schwangerschaft und das Muttersein werden würden. Daraufhin fragt Mia, ob sie nicht noch vor Kurzem gemeint habe, wie schwer es als Mutter sein würde. Daraufhin winkt Hazel ab und beteuert, dass das doch gar nicht so schlimm sei, sie hätte übertrieben. Warum hatte Hazel zu zwei verschiedenen Zeitpunkten zwei so unterschiedliche Meinungen gehabt?

Jeder Mensch hat schon einmal dieses Wechselbad der Gefühle durchlebt. Auch wenn du dich nicht exakt in diesen Geschichten wiedergefunden hast: Sie widerfahren jeder Frau. Da ist das Gefühl von Neid. Neid auf eine andere Person. Denn diese ist in einer anderen Lebenssituation, in der man auch sehr gern wäre. Und das beruht darauf, dass man in einem Lebensumstand «gefangen» ist, der nicht zu 100 Prozent allen Wünschen entspricht. Dieses Gefühl von Neid kann bei einigen Frauen ziemlich stark sein. Es hilft uns aber, unsere wunden Punkte im Leben zu erkennen, wenn wir genau hinschauen. Doch warum sucht dieses Gefühl einen Platz in unserem Leben? Dieses Gefühl tritt auf, weil wir unseren Selbstwert gegenüber einer anderen Person (hier in diesen Beispielen die anderen Frauen) geringer einschätzen. Du weißt ja, dass der Selbstwert nicht unser tatsächlicher Wert ist. Es ist der Wert, den wir uns selbst geben. Wenn wir selbst merken, dass wir nicht im Reinen mit uns sind, dann ist unser Selbstwert automatisch etwas niedriger. Wie schon erwähnt, definiert sich schon in jungen Jahren unsere Weltsicht. Wenn in solchen Situationen das primäre Gefühl «Neid» ist, dann kategorisieren wir uns als Mensch unter einen anderen Menschen. Das gibt Aufschluss darüber, dass wir in jungen Jahren gezeigt bekommen haben, dass unser Wert nicht sehr hoch ist. Das haben die Eltern niemals direkt zu uns gesagt, vielmehr haben wir es durch kleine Situationen im Alltag erfahren. Es kann zum Beispiel nur eine schlechte Note mit nach Hause gebracht worden sein und die Mutter meinte: «Das hat Marie aber bestimmt besser gekonnt als du.» Die Mutter hat sich in diesem Moment wahrscheinlich nur selbst gegenüber ihrer Rolle als Mutter geärgert. Dennoch speichert das Kind ab: «Ich = nicht gut genug». Wenn solche Arten von Situationen öfter aufgetreten sind, verfestigt sich dieser Glaubenssatz. Zum Vorschein kommt er dann in Situationen wie jenen in unseren drei Geschichten. So wie wir uns auf der «Stufe» sehen, so wollen wir unbewusst den Kontakt mit Menschen vermeiden, die zu weit «über uns stehen». Denn diese zeigen uns auf, dass man «mehr» aus dem Leben machen und «erfolgreicher» sein kann. Wir wollen also niemanden in unserem Leben haben, dem es deutlich besser geht als uns selbst. Das kann man auch an der dritten Geschichte erkennen. Als Hazel ihre Befriedigung dadurch gesehen hat, dass es Mia auf der gleichen Stufe «schlecht» geht wie ihr, relativiert sich alles. Diese indirekte Flucht vor unseren Mitmenschen und die damit verbundene Selbstabwertung tut uns natürlich ganz und gar nicht gut, denn wenn wir uns immer dann schlecht fühlen, sobald jemand anderes wesentlich besser als wir in irgendeiner Sache ist oder dasteht, verbauen wir uns viele Wege. Unser heutiger (selbst-) definierter Selbstwert hat nichts mit unserer Vergangenheit zu tun. Das klingt jetzt erst einmal widersprüchlich zu dem, was du bisher gelesen hast. Aber es ist die Wahrheit. Er hat zwar dort seinen Ursprung, die Entscheidung aber wird im Jetzt gefällt. Der jetzige Selbstwert wird darüber definiert, welche Erwartungen wir im Jetzt an uns selbst stellen. Erst wenn du weißt, wo du im Leben hinwillst, kannst du dir deine Ziele definieren. Diese Ziele fungieren als Fixsterne: Sie helfen dir, dich auf deinem Weg anzutreiben, und machen dich automatisch glücklicher. Weil du für etwas kämpfst, etwas erreichen möchtest und eine bessere Version von dir selbst werden willst. Dann weißt und fühlst du, dass du nach etwas Größerem strebst. Dann können dich auch andere in deinem Selbstwert nicht gefährden. Denn wenn du auf deinem Weg bist, kann dich niemand überholen.

Du musst deiner Freundin
nicht gefallen

Während du gemütlich am Arbeiten bist, klopft deine Kollegin Sabrina an die Tür. Sie erklärt dir ausgiebig, dass sie sich spontan entschieden hat, mit ihrem Mann das Wochenende über wegzufahren. Leider hat sie noch keine Idee, wo Rupert, Ihr großer haariger Hund, in diesem Zeitraum leben soll. Sie fragt dich, ob du Rupert über das Wochenende nehmen kannst. Du möchtest eigentlich gern deine Ruhe haben, weißt aber nicht genau, wie du es Sabrina mitteilen sollst. Krampfhaft überlegst du nach einer guten Ausrede, dir fällt aber beim besten Willen keine gute ein. Die Sekunden streichen vorüber, Sabrina schaut dich ganz erwartungsvoll an und du weißt: Du musst jetzt etwas sagen. «Okay.» «Ja? Danke, du bist die Beste.» Regungslos stehst du da und weißt nicht, was du sagen sollst. Eigentlich willst du doch gar nicht auf diesen Hund aufpassen. Warum hast du dann nicht «Nein» gesagt? Warum fiel es dir so schwer, dieses Wort über deine Lippen zu bringen? Nachdem Sabrina aus deinem Büro rausgegangen ist, versuchst du, dir das eben Geschehene irgendwie schönzureden. Auch zu Hause lassen dich die Gedanken noch nicht los. Du möchtest dich selbst nicht abwerten, und deswegen versuchst du es für dich so positiv wie möglich zu gestalten. Mit Sätzen wie: «Ach, ich bin doch ein lieber Mensch», «Ich tue ihr doch gern den Gefallen», «Sie ist eine gute Freundin» und: «Es ist doch nur ein Wochenende», versuchst du das für dich mental große Ereignis als wesentlich kleiner abzubilden, als es in deinem Gehirn herumspukt. Die Entscheidung wird aber dennoch von dir vor dir selbst gerechtfertigt. Dein erster Impuls und auch der, den du hättest verfolgen wollen, war ein «Nein».

Analysieren wir die Sätze wie: «Ich bin doch ein lieber Mensch», oder: «Ich tue ihr doch gern einen Gefallen» etwas genauer, denn diese Sätze sind Glaubenssätze. Ich möchte dich nicht auffordern, den Glaubenssatz: «Ich bin kein lieber Mensch» für dich zu verinnerlichen, denn dies wäre sehr kontraproduktiv. Interessant ist aber, welche Ansprüche an dich hinter diesen Glaubenssätzen stehen, denn der Glaubenssatz: «Ich bin doch ein lieber Mensch» kann für die eine bedeuten, dass sie der Oma über die Straße hilft, für die andere ist es Pflicht, die Hälfte ihrer Tagesenergie für jemanden zu geben, um durch die Bestätigung das eigene Gefühl zu befriedigen. Jeder Mensch verbindet verschiedene Taten mit den Glaubenssätzen, die er in sich trägt. Diese Taten werden uns bewusst, wenn wir einen kleinen Blick in unsere Vergangenheit werfen. Je nachdem, wie sich deine Eltern dir gegenüber benommen haben, hast du Verhaltensweisen entwickelt, um deinen Eltern «genug» zu sein.

Wie war das damals mit ihnen? Als wir noch kleine Kinder waren und unsere Eltern unbedingt etwas von uns wollten, war da ein «Nein» eine legitime Antwort? Das «Nein» wurde in deren Interpretation sogar eventuell in ein «Ja» umgewandelt. Das bedeutet, wir haben unter Umständen erfahren, dass unser «Nein» nicht richtig ist und somit auch nichts wert. In den meisten Fällen wurden einige sogar emotional verstoßen. Wir mussten artig sein und uns anpassen. Wir sollten so sein, wie es für unsere Eltern richtig war. Wenn man sich jedoch nicht traut, ein «Nein» auszusprechen, aus Sorge vor den Konsequenzen oder einfach aus der Tatsache heraus, dass es scheinbar nichts wert ist, können Eltern wiederum nicht lernen, die Grenzen der Kinder wahrzunehmen und zu akzeptieren. Das wiederum hat natürlich Auswirkungen auf dein erwachsenes Ich und das Vertrauen in das Deutlichmachen einer persönlichen Grenze durch ein «Nein». Jetzt stell dir vor, du bist noch ein Kind. Deine Mutter kauft dir einen Wintermantel. Nach ihrer Definition passt dieser Mantel zu den Stiefeln, die du bereits besitzt. Er passt farblich zu deinem Hautton und sieht im Schnitt super aus. Außerdem war er noch reduziert, für deine Mutter also definitiv ein «Ja». Sie zeigt ihn dir und du sagst: «Nein». Wenn deine Mutter es aber nicht akzeptiert, dann teilt sie dir auf einer anderen Ebene mit, dass dein Wunsch weder akzeptiert noch respektiert wird. Vielleicht versucht sie sogar, dich zu überreden, mit all den Vorteilen, die dieser Mantel in ihren Augen bietet. Deine Meinung bleibt immer noch bei einem: «Nein». Unbewusst erhältst du jetzt den Glaubenssatz: «Meine Grenzen sind nichts wert.» Vielleicht wird sie etwas wütend, sie möchte es dennoch nicht hören, was du dazu sagst, und kauft dir einfach den Mantel. Jetzt hat sich noch ein anderer Glaubenssatz in dir einprogrammiert, nämlich: «Ich bin absolut machtlos, dagegen etwas zu tun.» Mit diesen Sätzen schreitest du jetzt voran in dein erwachsenes Leben. Natürlich ist es der erste Impuls, oft «Ja» zu sagen. Immer geprägt von dieser unbewussten Angst, bei einem «Nein» verstoßen, nicht respektiert oder auch nicht mehr gemocht zu werden. Denn das Gehirn hat schon eingespeichert, dass ein «Nein» eine schmerzhafte Erfahrung werden kann. Diesen Schmerz aus der Vergangenheit versuchen wir jetzt zu vermeiden.

Als erster Schritt ist es wichtig, hier unsere eigene Grenze zu setzen. In diesem Beispiel war dir sofort bewusst, dass du nicht auf diesen Hund aufpassen möchtest. Es gibt auch viele Situationen, bei denen man sich dessen nicht bewusst ist. An einem ziemlich stressigen Tag können sich vermehrt Stresshormone aufbauen, mit welchen es teilweise schwerfällt, eine gut durchdachte Entscheidung zu treffen. Wenn du dir nicht sicher bist, ob du etwas willst oder nicht, hältst du am besten kurz inne. Solltest du dich schnell entscheiden müssen, sagst du einfach der anderen Person, dass du später auf sie und ihre Frage zurückkommst. Verstehe, dass es weder egoistisch noch rücksichtslos ist, deiner Freundin und Kollegin Sabrina abzusagen.

Vielleicht siehst du es als ein kleineres Leid, aber in Wirklichkeit ist es größer, als du denkst. Natürlich ist da eine Angst, von ihr nicht mehr akzeptiert zu werden. Die Angst, sich auf eine unangenehme Konfrontation einzulassen, oder die Angst vor Stress, der in der Zukunft daraus resultieren könnte. Du solltest allerdings verstehen, dass alle negativen Gefühle nur Sabrina und nicht dir gehören. Denn in solchen Situationen wollen wir für die Gefühle der anderen Verantwortung übernehmen. Wir wollen es den anderen recht machen und so angenehm wie möglich gestalten. Deswegen versuchen wir, unsere Bedürfnisse zurückzustellen. Sei dir bewusst, dass die Gefühle nicht dir gehören. Du hast nichts damit zu tun, wie ihre Reaktion ausfallen wird. Nur Sabrina ist für ihre Gefühle und Reaktionen verantwortlich.

Unschön ist es, wenn Sabrina dich im Nachhinein doch «verstößt». Das kann auf zwei Arten passieren: Entweder es passiert in der Realität oder in deiner Wahrnehmung. Es kann wirklich passieren, dass sie dich nicht mehr beachtet. Dies kann sich dadurch äußern, dass sie auf deine Fragen nicht mit der Intensität antwortet, wie es sonst der Fall war. In diesem Fall haben wir ein passives Machtspiel. Nach dem Motto: «Tue, was ich will, oder du wirst benachteiligt behandelt.» Sabrina kann jetzt auch bei deinen Aussagen das Gesicht verziehen oder die Augen verdrehen. Das kann ziemlich belastend werden. Denn man fühlt sich sofort, als hätte man kein Recht auf eine eigene Meinung und Gefühle. Diese Angst dürfen wir ablegen, denn dadurch geben wir uns selbst die Bestätigung, dass wir keine eigenen Grenzen haben dürfen. Es kann aber natürlich sein, dass sie nur in unserer Wahrnehmung eine kühlere Stimmung dir gegenüber empfindet. Wenn wir Angst haben, dass sich Sabrina aufgrund unserer Absage anders verhält, dann kann unser Gehirn diese Angst bestätigen. Wir sind dann in einem Modus, der uns sagt: «Sie mag mich ja eh nicht.»

Egal was davon eintreten kann, wir dürfen auf keinen Fall nachgeben. Wir dürfen nicht die Bedürfnisse anderer Menschen in den Vordergrund stellen. Wer ist denn die wichtigste Person in deinem Leben? – Du! Das solltest du als Erstes kommunizieren. Du solltest in solchen Situationen immer zuerst an dich denken. Es wäre rücksichtslos dir gegenüber, den Hund über das Wochenende zu dir zu nehmen. Denn diesen Stress und die Abneigung gegenüber dem Hund strahlst du aus. Der Hund spürt dann, dass er nicht gebraucht wird.

Das «Nein» sollte klar und deutlich kommuniziert werden. Eine Lüge, wie zum Beispiel: «Nein, ich kann nicht, weil ich dieses Wochenende die Zeit mit meinem Mann verbringe», kann ihrerseits mit einem: «Macht nichts, der Hund wird nicht stören», abgewunken werden. Die Ehrlichkeit steht immer auf deiner Seite. Ein «Nein, tut mir leid, Sabrina, dieses Wochenende will ich nicht», ist die respektvollste und beste Antwort. Das Gute daran ist, dass dir solche Situationen des Öfteren in deinem Leben widerfahren werden. Lerne hier, «Nein» zu sagen. Je öfter du «Nein» sagst, desto leichter wird es dir fallen. Somit schaffst du dir Erlebnisse, in denen du dich selbst bestätigst und dir beweist, dass du dazu durchaus in der Lage bist. Dass du den Mut aufbringst, deine eigenen Grenzen klar und deutlich zu kommunizieren und abzustecken, auch gegenüber anderen. Wir sollten uns zuerst um unsere Bedürfnisse kümmern. Du stehst an erster Stelle. Du bist es wert, dass du dich zuerst um deine eigenen Bedürfnisse kümmerst.

Warum lästern andere Frauen über dich?

Du betrittst auf deiner Arbeitsstelle den Pausenraum und sofort verstummen alle Gespräche. Die Anwesenden geben sich natürlich große Mühe, sich nichts anmerken zu lassen. Du weißt aber, dass sich das Gespräch um dich drehte. Es gibt keinen anderen rationalen Grund, warum die Gespräche sonst verstummt sind. Du lässt dir erst mal nichts anmerken, weil du nicht weißt, wie du mit der Situation umgehen sollst. Würdest du sie jetzt ansprechen, werden sie vermutlich so tun, als ob nichts gewesen wäre. Um das zu vermeiden, machst du dir deinen Kaffee, wie immer, und verlässt den Raum. Ein wenig bedrückt widmest du dich wieder deiner Arbeit.

Wir sind Menschen und für uns ist es wichtig, was andere Menschen von uns halten, und für uns ist es wichtig, wie wir auf andere Menschen wirken. Wir legen Wert auf die Meinung anderer. Deswegen versuchen wir, uns unterbewusst immerzu anzupassen. Aber dieses Thema, was die Frauen hinter deinem Rücken besprochen haben, betrifft nicht dich. Dieses Problem gehört nur ihnen ganz allein. Da wir nicht ausgeschlossen werden wollen, fangen wir an, die letzten Tage Revue passieren zu lassen. «Habe ich mich irgendwo danebenbenommen?» «Bin ich mit jemandem zu hart ins Gericht gegangen?» «Hatte ich Mundgeruch?» Wir fangen an, die Schuld bei uns zu suchen und uns für kleinere Verhaltensweisen sofort selbst zu kritisieren. Wir fangen an, uns selbst für kleine Fehler zu bestrafen, damit wir nicht wieder in diese Situation geraten. Wir versuchen immer, uns weiter anzupassen, und gehen Schritt für Schritt aus unserer eigenen Selbstakzeptanz heraus. Wir sind immer mehr mit destruktiven Gedanken beschäftigt. Das Problem dabei ist aber: Das bringt uns nichts. Dieses Verhalten bringt uns nicht voran und macht uns zudem unglücklich. Denn nicht du bist in diesem Szenario das Problem, es sind die anderen. Du kannst dich noch so sehr bemühen, es den anderen recht zu machen. Du kannst ihnen einen Kuchen backen, du kannst sie mit wohlgeformten Worten umschmeicheln, es wird sich aber nichts ändern. Wahrscheinlich werden sie dir als patzige Antwort entgegnen, dass du dir deine gute Laune sonst wohin schieben kannst.

Du musst diesen Menschen nicht gefallen, denn sie haben ein Problem mit sich selbst und ihrer eigenen Wahrnehmung, weshalb es für sie als einzig mögliche Konsequenz erscheint, die vermeintlichen Fehler anderer zu besprechen, um sich zu bestätigen. Du wirst aber durch diese Dinge nicht von ihnen akzeptiert oder wertgeschätzt werden. Denn erst wenn sie ein Problem in sich auflösen, können sie auch einen liebevollen und wertschätzenden Blick für andere Frauen und Menschen entwickeln. Entweder haben sie gerade Stress mit dem Finanzamt, Ärger in der Schule wegen ihrer Kinder oder unbefriedigenden Sex mit ihrem Partner. Es läuft in ihrem Leben etwas nicht nach Plan und sie wissen nicht, wie sie damit umgehen sollen, geschweige denn, wie sie das Problem lösen sollen. Deswegen kannst du tun, was immer du willst, du wirst niemals an dein Ziel bei ihnen kommen. Läge das Problem wirklich bei dir, würden sie dich auch auf einem indirekten Weg davon in Kenntnis setzen. Grüble nicht darüber, was du an dir noch optimieren kannst. Das verschlechtert nur noch weiter dein Selbstwertgefühl und führt zu keinem Ergebnis. Die einzige Verantwortung, die du hier übernehmen kannst, ist es, dir Gedanken zu machen, ob du in diesem Betrieb noch weiter bleiben willst. Ja, auch wenn das ein gigantischer Schritt ist, er wird sich für dein Seelenheil lohnen. Denn erst wenn die anderen Frauen ihre eigenen Probleme aufgelöst haben, können sie dich annehmen. Die Gefühle, die man gegenüber sich selbst hat, strahlt man auf andere Menschen aus. Deswegen sei dir bewusst, dass in solchen Momenten nicht du das Problem bist. Denn du bist es wert, dich in deiner Umgebung wohlzufühlen.

Wie wichtig bist du dir selbst?

A uch wenn diese Frage etwas provokativ klingt: «Was erlaubst du dir selbst?» Sehr oft teilen wir anderen mit, was wir selbst gern tun würden. Wie zum Beispiel endlich den schon lange angefangenen Pulli fertig nähen oder uns ein heilsames Spa-Wochenende genehmigen. Die Frage ist: Warum tun wir so häufig Dinge nicht, die uns doch eigentlich guttun würden? Mein Partner hat mir damals eine im ersten Ansatz sehr lustige und im zweiten Ansatz sehr traurige Geschichte erzählt: Ein Mann hat jeden Tag Brot mit Leberwurst zur Arbeit mitgenommen und jeden Tag hat er sich über dieses Brot aufgeregt. Eines Tages konnte es sein Arbeitskollege nicht mehr ertragen und fragte ihn ganz offen: «Warum nimmst du jeden Tag Leberwurstbrot mit, wenn du das nicht leiden kannst?» Der Mann erwiderte nur: «Ich kann mich noch weniger leiden als Leberwurstbrot.» Wie gesagt, die Geschichte klingt beim ersten Mal ziemlich unrealistisch. Sie ist aber gar nicht so weit von der Wahrheit entfernt.

Durch kleine Dinge im Alltag kann man schon bemerken, wie wichtig man sich selbst nimmt. Wie bereitest du dir dein Essen für die Arbeit vor? Schneidest du dir am Tag davor alles zurecht? Oder ist ein Besuch beim Bäcker ausreichend? Wie viel Zeit wird deinerseits in Pflege oder Hygiene investiert? Oder auf deinen Partner bezogen: Erledigst du die Dinge zuerst für dich oder für ihn? Ist schnell noch die Wäsche zusammenlegen auf der Tagesordnung, noch bevor du ein entspanntes Bad nimmst? Erledigst du die Dinge, die keine starke Relevanz haben, zuerst? Geschieht all das vielleicht hauptsächlich, damit all diese Dinge von anderen gesehen und beachtet werden? Bevor die Eltern oder die Schwiegereltern kommen, wird da eine Reinigung durchgeführt, obwohl sich das Aussehen der Wohnung, ganz realistisch betrachtet, dadurch nicht wirklich geändert hat? Wir sind tagtäglich damit beschäftigt, es anderen bis ins kleinste Detail recht zu machen. Denn wie zuvor schon kurz angesprochen: Wir Frauen können ziemlich anpassungsfähig sein. Das kann natürlich Nachteile mit sich bringen. Vielleicht hast du schon mal den Begriff «hochsensibel» gehört. Tatsächlich ist dieser der direkte Nachbar von «anpassungsfähig». Das bedeutet, dass wir unsere eigenen Bedürfnisse zurückstellen. Ein Kind möchte eine liebevolle und mit Harmonie erfüllte Beziehung zu den Eltern haben. Außerdem ist die Beziehung zwischen den Eltern auch unglaublich relevant für das Kind. Wenn aber die Eltern viel streiten oder ständig gestresst sind, kann das Kind in die Überanpassung kommen. Es will die Eltern glücklich machen und liest ihnen fast jeden Wunsch von den Augen ab. Somit baut es sich einen Sensor auf, um sofort eine kalte Stimmung zu erkennen und aus dieser eine warme Umgebung zu schaffen. Aus diesem Grund ist es immer damit beschäftigt, zu erfassen, in welcher Stimmungslage sich die anderen befinden. Es verlernt immer mehr, auf die eigenen Gefühle und Bedürfnisse zu achten. Das führt im späteren Verlauf dazu, dass wir uns auch als Erwachsene immer in einem «angespannten» Modus befinden, um es den anderen direkt recht zu machen.

Außerdem kommt es in fast jeder Familie vor, dass wir Glaubenssätze mit auf den Weg bekommen haben, die nicht gerade förderlich für unsere wahren Ziele sind. «Nimm dich nicht so wichtig», oder: «Wer glaubst du denn, dass du bist?», prägen uns unterbewusst stärker, als wir uns das eingestehen wollen. Dadurch wollen wir manchmal gar nicht das erste Wort ergreifen. Dadurch nehmen wir uns in einigen Situationen zurück, obwohl wir eigentlich ganz anders handeln wollen.

Hier in diesem Kapitel werden wir uns einige Situationen anschauen, die uns aufzeigen, dass wir uns noch viel zu viel zurücknehmen. Wie wir damit umgehen können, erfährst du natürlich ebenfalls.

Deine Gesundheit ist dein wichtigstes Gut

Warren Buffett hat auf einer Tagung eine Geschichte erzählt. Eine Geschichte, die er als eine der wichtigsten seines Lebens erachtet.

Stell dir vor, eine gute Fee schenkt dir ein Auto. Egal welches. Jedes, das du dir wünschst. Es wird einfach so vor deiner Tür stehen, doch zuvor gibt es eine Bedingung: Du darfst für den Rest deines Lebens nur noch dieses eine Fahrzeug besitzen. Wie würdest du dieses Auto behandeln? Natürlich würdest du es achtsam fahren, regelmäßig zur Inspektion gehen und dich gut darum kümmern. Du würdest es immer «in Schuss» halten.

Hier geht es um ein Fahrzeug. Warum übernehmen dann so viele Menschen nicht die angemessene Verantwortung gegenüber ihrem Körper? Ihnen wird ein einziger Körper im Leben geschenkt. Ich bin mir sicher, dass du deinen Körper angemessen gut behandelst. Denn du bist eine Frau, die sich viel Mühe gibt. Dennoch gibt es wahrscheinlich einige Momente in deinem Leben, in denen du die eine oder andere Nascherei bereust. Da war das zweite Stück Nachmittagskuchen doch überflüssig, oder die Chips am Abend, die man lieber durch einen Apfel hätte ersetzen sollen. Warum ist das manchmal so? Warum müssen wir in einigen Momenten so sehr mit uns kämpfen? Warum ist es vor allem zu bestimmten Tageszeiten so schwer?

Wie eine gesunde Ernährung aussieht, das weißt du schon. Genauso, wie viel Sport dir persönlich guttut. Wir kennen uns doch schon aus und wissen, was sich für den Körper vorteilhaft auswirkt. Du weißt, was du tun solltest, um deine Ziele zu erreichen. Das brauchst du von mir hier nicht zu hören. Dinge wie: «Iss viel Gemüse», «Trinke mehr Wasser» und «Treibe regelmäßig Sport» sind jedem bewusst. Es ist kein Geheimnis, dass all das einen gesunden Lebensstil ausmacht. Wir geben in einigen Gebieten unser Bestes, aber manchmal funktioniert es einfach nicht. Warum nicht? Weil der Zustand, in dem wir uns momentan befinden, einfach zu komfortabel für unser Unterbewusstsein ist. Denkst du, du änderst etwas in deinem Leben, wenn du immer noch in deine Jeans passt und dabei sexy aussiehst? Nein, natürlich nicht! Vielleicht siehst du nicht in jeder Stellung super aus. Aber die, in denen du es nicht tust, werden einfach vom Gehirn verdrängt. Außerdem schaffst du es immer noch, alle Treppenstufen in deinem Büro nach oben zu steigen, ohne dabei komplett aus der Puste zu sein. Warum also solltest du etwas ändern, wenn doch alles so gut läuft wie bisher? Es gibt keinen wahren Grund, weil für dich einfach kein großer Schmerzpunkt vorhanden ist. Du fühlst dich zum Großteil wohl in deiner Haut. Das ist auch nichts Schlimmes, ganz im Gegenteil. Wir müssen weder eine perfekte Ernährung haben noch jeden Tag bis zur Ermüdung Sport treiben. Ich weiß, dass du eine ziemlich bewusste Frau bist. Was dein Körperbewusstsein angeht, bist du aufgeklärt. Es gibt da aber eine Falle, in die schon viele Frauen getappt sind. Diese kann ziemlich tückisch sein, denn oftmals ist uns nicht einmal bewusst, dass wir uns in ihr verfangen haben. Wir denken dabei immer, dass wir noch mehr und in einem noch stärkeren Ausmaß etwas für uns tun müssten. Das kann natürlich der Wahrheit entsprechen – wenn du aus den richtigen Gründen heraus handelst. Bei den falschen Gründen darfst du es aber nicht akzeptieren, dass du so denkst.

Bei einer ungesunden Motivation geht es dabei dann nämlich nicht mehr um die eigene Gesundheit und Befriedigung der eigenen Bedürfnisse: Es geht dann einzig und allein darum, von den anderen Menschen im eigenen Umfeld Aufmerksamkeit, Wertschätzung und Anerkennung zu bekommen.

Das sind die Frauen, die sich nur gesund und voller Lebensenergie fühlen, wenn sie folgende Kriterien erfüllen: Um sechs Uhr morgens aufstehen und danach direkt zum Joggen gehen. Anschließend beginnt die Yoga-Session, während in der Küche schon einmal der Matcha-Tee aufgebrüht wird. Natürlich nur mit Wasser, denn Milch kann den Darm reizen. Außerdem ist es ganz wichtig, bei jeder Mahlzeit den halben Teller mit Gemüse zu belegen und zweimal die Woche zum Kraftsport zu gehen. Während man sitzt, sollte man immer eine gerade Haltung annehmen. Denn sonst kann es passieren, dass man Rückenschmerzen bekommt. Es gibt nichts auszusetzen über die Menschen, die diesen Lebensstil für sich entdeckt haben, ihn zelebrieren und sich wohl in ihrer Haut fühlen. Diese hoch gesetzten Ansprüche gegenüber sich selbst sind aber oftmals damit verbunden, den anderen zu zeigen, dass man mit beiden Beinen im Leben steht. Denn dadurch zeigt man, wie diszipliniert man ist. Dadurch fühlt man sich von den anderen anerkannt, so als würde man dazugehören. Diese Frauen fühlen sich dann wertvoller, denn sie tun etwas, das sonst kein anderer tut. Sie bekommen die Aufmerksamkeit ihres Umfelds und fühlen sich endlich auch als ein Mitglied akzeptiert. Sie wollen wertgeschätzt und geliebt werden und stellen diese Aufmerksamkeit in den Vordergrund, wobei es leicht geschehen kann, dass sie sich selbst aus den Augen verlieren. Sie wollen für ihr Umfeld als eine «wertvolle Frau» anerkannt werden. Ganz nach dem Glaubenssatz: «Nur, wenn ich viel leiste, bin ich auch etwas wert.» Dieser ist ein Weg ins Unglück, weil wir dann nur versuchen, unseren gedachten Wert für andere Menschen zu erhöhen. Unser tatsächlicher Wert kann dadurch allerdings nicht steigen.

Eine mögliche Ursache ist, dass Liebe von unseren Eltern damals als eine Währung eingesetzt und nicht bedingungslos gegeben wurde. Nur, wenn wir den Müll rausgebracht haben, durften wir mit Mama kuscheln. Nur, wenn wir eine bestimmte Note mit nach Hause nahmen, hatte Papa uns lieb. Durch diese Verhaltensformung werden wir irgendwann zu Menschen, die ihre Leistung überspitzen müssen, weil sie sich nach etwas Liebe und Aufmerksamkeit sehnen. Wir haben uns dadurch in unserem eigenen Kopf ein Bild von einer Frau kreiert, die es niemals schaffen wird, für die anderen gut genug zu sein. Das Problem ist auch hier, dass wir unsere eigenen Richtlinien nicht halten können. Wenn wir all das nicht schaffen, was wir uns vornehmen, dann fühlen wir uns automatisch schlecht und unser Selbstwert sinkt noch weiter nach unten. Das ist dann wie ein Teufelskreis, denn ist erst mal die «Ich bin nicht gut genug»-Phase vorbei, nehmen wir uns wieder vor, überdiszipliniert zu sein, um von den anderen erneut anerkannt zu werden – was wiederum zurück zum Grundproblem führt.

Ein Bewusstsein für die alltäglichen Momente und die wieder-kehrenden Routinen ist besonders wichtig. Nur so kann dieser Kreislauf durchbrochen werden. Wenn du dir selbst immer wieder die richtigen Fragen stellst, ist der erste Schritt schon ge-tan. Diese Fragen können folgendermaßen klingen:

«Tut mir das gerade wirklich gut?»

«Will ich das wirklich?»

Wenn du dir bewusst alltägliche Dinge ansiehst, wird noch eine weitere Wahrheit klar: Im Leben entscheiden nicht die «heraus-ragenden» Momente. Erfolg und Glück liegen in den Dingen, die immer wieder geschehen. Wenn du diesen täglichen Erfolgen Beachtung schenkst, kann echter Stolz in dir aufkommen. Das passiert dadurch, dass man immer wieder stolz auf sich ist, wenn man das alles, was man sich über den Tag hinweg vor-genommen hat, geschafft hat. Denn wenn wir nur für unsere «ganz besonderen» Leistungen von anderen gelobt werden, be-stätigen wir uns innerlich den Glaubenssatz, dass wir erst einmal extrem viel leisten müssen, um von anderen gemocht zu werden. Verstärke also den Glauben an dich: «So wie ich bin, bin ich am besten», und das bist du definitiv.

Wenn man etwas an der Ernährung ändern möchte, ist es sinnvoll, nach Neben-Glaubenssätzen zu suchen. Hierzu möchte ich dir eine Geschichte von den Geschwistern Karla und Marie erzählen: Die ältere Schwester Karla ist ziemlich schlank und sportlich. Sie fühlt sich damit gut, ihre Ernährungsweise immer weiter zu optimieren und ihre Verhaltensweisen dem anzu-gleichen, was für ihre Gesundheit am besten ist. Die jüngere

Schwester Marie hingegen ist an diesen Themen nicht sonderlich interessiert. Für sie hat es keine Relevanz in ihrem Leben. Sie wird aber ständig mit ihrer älteren Schwester verglichen. Die ganze Familie fordert Marie andauernd dazu auf, Sport zu treiben, denn das ganze Fett an ihrem Körper würde ihre Gesundheit einschränken. Irgendwann hat Marie einfach genug, ständig die ganzen Anmerkungen und Forderungen während der Familienfeiern ertragen zu müssen. Aus diesem Grund entscheidet sie sich eines Tages, einige Dinge in ihrem Ernährungsplan zu ändern. Sie steht ziemlich hinter ihrer Planung und trainiert auch fleißig. Nach einigen Wochen sieht man schon die ersten Ergebnisse und Marie freut sich darüber. Sie entdeckt, dass ihr der Sport Spaß macht, und er wird zu ihrer Leidenschaft. Einige Monate gehen vorbei und Marie rutscht plötzlich wieder zurück in ihre alten Routinen. Denn während ihrer Transformationszeit ging keiner mehr auf sie zu und stellte ihr somit keine Forderungen mehr, sich um ihren Körper zu kümmern. Sie will plötzlich nicht mehr weiter abnehmen, denn während sie noch dick war, hatte sich in ihr der Glaubenssatz: «Wenn ich dick bin, bekomme ich von meiner Familie Aufmerksamkeit» gebildet. Doch als sie in die Fußstapfen von Karla trat, interessierte sich keiner mehr für sie, zumindest nicht in dem Ausmaß, wie sie es über Jahre hinweg gewohnt war. Sie fühlte sich nur noch wie eine Kopie ihrer älteren Schwester. Sie wird scheinbar nicht mehr als ein eigenes Individuum anerkannt.

Wir bekommen für den Zustand, in welchem wir uns jeweils befinden, sogenannte «Du bist es wert, dass ich meine Zeit in dich investiere»-Momente. Das kann schon geschehen, indem deine beste Freundin sagt, dass dein alter Po femininer aussah als der neue. Diese Momente sind für uns auf einer unterbewussten Ebene sehr wichtig. Unserem Unterbewusstsein ist es dabei egal, ob es um Lob oder Kritik geht. Aufmerksamkeit ist, was zählt. Denn diese Momente geben uns das Gefühl, dass wir von anderen gesehen und unsere Leistungen anerkannt werden. Deswegen frage dich, wenn du etwas ändern möchtest, ob dir für den alten Zustand mehr Aufmerksamkeit geschenkt wurde als für den neuen.

Doch es geht noch tiefer – denn Marie hat noch aus einem ganz anderen Grund das Gewicht wieder zurückbekommen: Wenn eine Frau übergewichtig ist, kann es passieren, dass das zu ihrer Identität wird. «Ich bin die Dicke.» Was passiert jetzt mit Marie, wenn sie abnimmt? Sie glaubt unbewusst, dass ihre Identität verloren geht. Dass sich ein Mensch mit etwas identifiziert, merkt man an ganz kleinen, scheinbar normalen Sätzen. Marie ist zum Beispiel eine Frau, die Dickenwitze über sich selbst macht – und durch das Lachen der anderen speichert sich jedes Mal ein kleines bisschen mehr ein: «Ich bin die Dicke und das ist gut so. Das ist meine Rolle.» Das kann dann ziemlich tückisch werden, wenn man Verantwortung im Bereich Gesundheit übernehmen möchte.

Bevor du also etwas ändern möchtest, frage dich, ob du wirklich diejenige bist, die das ändern möchte. Ziele müssen zu deiner Identität passen. Entweder wir ändern das Ziel oder die Identität. Denn wie schon vorhin beschrieben, ändern wir meistens etwas, um für andere gut genug sein zu wollen. Genug für den Mann, für die Kollegen, für die Eltern oder für die Gesellschaft.

Deswegen fühle immer in dich hinein, was dir wirklich guttut und was du an deinem Leben verändern möchtest. Lerne dich so zu lieben und zu akzeptieren, wie du bist, denn du bist es wert. Aber du bist es auch wert, die beste Version deiner selbst zu werden.

Deine Kleidung ist eine Unterstreichung deiner Persönlichkeit

Ich habe vor längerer Zeit das Wort Minimalismus gehört. Ich kannte zwar schon das System, sich von Sachen zu verabschieden, die einem keine Freude oder Nutzen mehr bringen, aber ich habe mir erst später über dieses System bewusst Gedanken gemacht und es dann auch in mein Leben integrieren wollen. Mein erster Anhaltspunkt war der Kleiderschrank und ich nahm mir an einem Wochenende vor, diesen gründlich auszumisten. Ich wollte die Kleidung aussortieren, die ich nie getragen hatte. Und das war auch schon der erste Fehler, der sich aber später als ein wunderschönes Geschenk erwies, denn ich habe genau die Kleidungsstücke entsorgt, die ich nicht mehr getragen habe. Die Kleidung, die ich tatsächlich jeden Tag anhatte, habe ich in meinem Kleiderschrank gelassen. Erst dann habe ich gemerkt, dass das Ganze nicht wirklich nach Plan läuft. Denn ich hatte plötzlich keine Kleidungsstücke mehr auf «Reserve». Das hat mich damals mental etwas mitgenommen und ich habe mich dabei nicht wohlgefühlt. Was meine ich aber damit: «keine mehr auf Reserve gehabt»? In meiner Welt war meine Kleidung in zwei Kategorien einzuordnen. Ich besaß einmal Kleidung für besondere Tage, die hatte den psychologischen Aspekt von: «Ich lebe mein Leben.» Das war die Kleidung, die Staub in meinem Schrank fing, weil ich sie so gut wie nie trug. Ich habe sie für einen besonderen Moment in meinem Leben aufgehoben. Einen Moment, der aber niemals kommen würde. Einen Moment, in dem sich alles zum Guten ändern würde. In dem ich mein Leben nur noch lieben würde, in dem ich nur noch alle Dinge machen würde, die mir Spaß und Freude bereiten. In dieser Kleidung fühlte ich mich wohl, sexy und selbstbewusst. Mit diesen Adjektiven konnte ich mich aber zu dieser Zeit noch nicht identifizieren. Deswegen trug ich diese Kleidung auch nicht. Dann hatte ich auf der anderen Seite noch die Kleidung für die nicht so besonderen Tage, mental abgestempelt in: «Ich bereite mich auf mein Leben vor.» Ich hatte also die ganze Kleidung, die aus der Kategorie «Ich lebe mein Leben», entsorgt und besaß nur noch die Stücke, die mir nicht so besonders gefielen. Und wenn eine Sache von zwei wegfällt, verliert die andere ihren «Wert». In meinem Fall bedeutete das, dass ich keine «Ich lebe mein Leben»-Kleidung besaß und automatisch die Kategorie «Ich bereite mich auf mein Leben vor» zu der «Ich lebe mein Leben» wurde. Es gab ja nichts mehr vorzubereiten, wenn es keine zwei Kategorien gab. Unterbewusst brauchte ich sie aber, denn ich war mental noch nicht bereit, mich auf das Leben einzulassen. Und dies regte mich sehr zum Nachdenken an.

Denn das bedeutet, dass ich folgende Wahrnehmung vom Leben hatte: «Ich sehe den heutigen Tag nicht als Wunder und möchte diesen auch nicht in vollen Zügen genießen.» Mit meiner «Ich bereite mich auf mein Leben vor»-Kleidung habe ich mich tagtäglich dafür entschieden, den Tag als langweilig, eintönig und als nichts Besonderes zu erleben. «Ich möchte also keine Verantwortung für meinen jetzigen Moment übernehmen, sondern auf ein Wunder in der Zukunft hoffen, bei dem sich alles bessern wird. Ich will jetzt einfach meine Aufgaben abarbeiten, die von mir verlangt werden, und dabei mit keinem Kontakt haben, der aktiv am Leben beteiligt ist.» Mit dieser Einstellung wäre das Leben für mich niemals besser geworden, denn jeder weiß: Wenn man an seinem Leben etwas ändern möchte, dann muss man auch aktiv werden.

Das tiefe Gefühl, das für all das verantwortlich war, war Angst. Nicht nur bei mir. Das ist bei sehr vielen Frauen zu beobachten. Die Angst, einen Fehler zu begehen. Während meiner «Vorbereitungszeit» waren Fehler meinerseits ja nicht schlimm, denn diese geschahen nicht in meinem aktiven Leben. Ich musste also nicht stark mit mir selbst schimpfen, wenn ich einen Fehler begangen habe. Hätte ich mich damals aktiv am Leben beteiligt, dann wäre meinerseits die Angst aktiv geworden, von den anderen nicht anerkannt zu werden. Habe ich also einen Fehler gemacht, war der nicht schlimm, denn es war ja ohnehin kein «besonderer Tag». Warum gibt es überhaupt auch nur ein Kleidungsstück in unserem Schrank, welches den mentalen Stempel «für einen besonderen Tag» hat? Gibst du dir damit nicht selbst das Signal, dass der Großteil der Tage es nicht wert ist, dass du dein Leben lebst? Sollte nicht jeder Tag ein Tag sein, an dem du etwas trägst, was den Tag für dich besonders machen kann?

Deine Kleidung sagt nicht nur ziemlich viel über dich aus. Du sendest deinem Unterbewusstsein auch direkte Signale mit dem, was du trägst. Wenn deine Kleidung: «Ich habe keine Lust, ich lasse mich vom Leben treiben», ausstrahlt, dann wirst du auch nichts in deinem Leben richtig anpacken können. Denn du hast dich dafür entschieden, dass du das nicht willst. Wenn ein Wochenendtag startet und man sich für die Jogginghose entscheidet, gibt das nicht so viel Energie, wie beispielsweise eine Hose, mit der du dich draußen oder bei besonderen Veranstaltungen zeigen würdest. Die Kleidung spiegelt unser Wesen wider und formt dieses auch. Je mehr Selbstwert wir uns zugestehen, desto mehr Energie geben wir in eine Kleidung, die unsere echte Persönlichkeit darstellt. Deswegen ist es für unser Wohlbefinden so wichtig, Kleidung zu besitzen, die zu uns als Mensch passt. Denn nur wenn du Kleidung trägst, in der du dich «besonders» fühlst, kannst du jeden Tag auch als eben diesen erleben. Das ist eine Investition, die es wert ist, denn am Anfang musst du viel Zeit investieren, wenn du dir bis dato noch keine Gedanken hinsichtlich deiner Kleidung gemacht hast. Und Ausreden werden kommen. Ein Beispiel, wie innere Programme jede Verbesserung ewig aufschieben, ist: «Ich werde noch 5 kg abnehmen und erst dann werde ich mir neue Kleidungsstücke kaufen.» Das ist schön, aber ist die Zeit, in der du deine 5 kg verlierst, es nicht wert, sich ebenfalls fabelhaft zu fühlen? Willst du dich denn nicht genauso sexy und wohl in deiner Haut fühlen und das auch mit der dazugehörigen Kleidung ausstrahlen? Ansonsten machst du die Zeit des Gewichtverlierens zu einer Zeit, in der das Leben noch nicht angefangen hat. Ein anderes Beispiel ist, wenn wieder der Waschtag bevorsteht. Am Tag davor wird sich für ein altes schlabbriges T-Shirt entschieden. Da es schon alt ist, kann man auch «reinschwitzen». Damit kommuniziert man sich selbst, dass es der heutige Tag nicht wert ist, nach

Kleidungsstücken zu greifen, die einem wirklich gefallen. Das soll lediglich ein Beispiel dafür sein, dass man durch kleine Sätze das wirklich wahre Leben auf die Zukunft verschiebt, um sich aus der jetzigen Verantwortung zu ziehen. Aber das Leben passiert jetzt und wir sollten auf gar keinen Fall etwas davon verpassen.

Das Wichtige hierbei ist, dass wir die Kleidungsstücke, welche für uns kein eindeutiges «Ja» bedeuten, komplett aus unserem Leben abschaffen sollten, damit wir nicht in die Versuchung geraten, nach etwas zu greifen, dass bei uns mit einem «nicht so fabelhafter Tag» assoziiert wird.

Deine Zeit gehört nur dir ganz allein

Eine ältere Dame mit dem Namen Silvia hat mir damals unter Tränen erzählt, wie wütend sie war, als ihr Mann Michael sie gebeten hatte, das Frühstück zu machen. Beide sind etwas älter und deswegen noch in Denkweisen aus vergangenen Zeiten verhaftet. Damals war es Standard, dass die Frau das Frühstück für den Mann herrichtet. Sie erledigt das jeden Tag für ihn und macht das laut ihrer eigenen Aussage sehr gern. Eines Tages aber wollte sie nach dem Aufwachen noch ihre ersten morgendlichen zehn Minuten genießen. Sie wollte kurz in sich gehen und die Ruhe durch sich hindurchfließen lassen, bevor «das Leben» losging. Sie erzählte mir, dass Michael unbedingt wollte, dass sie sofort aufsteht und das Frühstück vorbereitet. Sie sagte ihm, dass sie sich gern noch die fünf Minuten Zeit für sich nehmen wolle. Für ihn war das nicht legitim. Als sie die Geschichte erzählte, meinte sie zu mir, dass sie sich wie ein Gegenstand behandelt gefühlt hätte. Sie wolle einfach nur ihre Ruhe haben und ihre Zeit genießen. Sie konnte gar nicht verstehen, dass er sie dabei unterbrochen und von ihr verlangt hatte, sich sofort um seine Bedürfnisse zu kümmern. Als ich mit Michael sprach, hatte er eine ganz andere Ansicht als sie. Aus seiner Sicht hatte er sie lediglich gebeten, mit dem Frühstück anzufangen, da er an diesem Tag früher aufstehen musste.

Natürlich schauen wir hier auch auf eine ganz andere Weltanschauung in Beziehung auf die Aufgabenverteilung zwischen

Mann und Frau. Dieses «alte» Bild wird von einigen Menschen, insbesondere vielen Frauen, weder als gerecht noch schön oder angenehm angesehen. Die Zeit schreitet voran und unsere Denkweisen und Ideologien ebenfalls.

In dem nun folgenden Kapitel möchte ich mich aber nicht mit der Emanzipation der Frau beschäftigen, es geht vielmehr um die verschiedenen Wahrnehmungen beider Parteien, also Michael und Silvia. Michael war der Meinung, dass er sie nur gebeten hatte. Bei ihr kam aber an, dass sie sofort alles stehen und liegen lassen soll, um sich ausschließlich um ihn zu kümmern und sich sowie ihre Bedürfnisse hinten anzustellen. Warum haben wir hier ganz unterschiedliche Wahrnehmungen? Aber jeder hat in seiner Wirklichkeit recht. Obwohl der Mann hier mit einem neutralen Ton mit ihr gesprochen hat, hatte sie dieser Sache mehr Gefühle zugeschrieben, als er senden wollte. Wenn also von außen keine Gefühle kamen, müssen diese schon in ihr gewesen sein. Diese haben jetzt nur versucht, aus ihr herauszukommen. Aber warum? Werfen wir doch mal einen tieferen Blick in ihre Wahrnehmung: In ihrer Welt erschien es ihr, als ob sie sich keine Zeit für ihre Bedürfnisse nehmen darf. Und seien wir ehrlich: Dies empfindet sie nicht nur so, es entspricht der Wahrheit. Das Problem war nur, dass sie der Meinung ist, dass Michael ihr nicht den Freiraum lässt, sich um ihre eigenen Bedürfnisse zu kümmern. Doch in Wahrheit ist sie die einzige Person, die für die Einschränkung verantwortlich ist. Ja, denn schon ihr ganzes Leben stellt sie die Bedürfnisse von Michael über ihre eigenen. Sie kauft nur ihm die besten Kleidungsstücke. Sie räumt hinter ihm her, erledigt die «kleinen» Einkäufe. Alles nur, um ihn glücklich zu machen. Er ist sehr dankbar dafür, dass sie all das tut. Er verlangt es weder von ihr noch braucht er es. Sie ist aber der Meinung, dass ihm das guttut. Dazu hat sie auch ein Recht und wenn es ihr Spaß macht, dann kann sie das gern tun. Sie ist allerdings in einem so ungesund großen Ausmaß damit beschäftigt, seine Bedürfnisse zu befriedigen, dass sie immer hintanstehen muss. Und genau da liegt der Fehler, denn sie hat auch die Möglichkeit, in ihrem Leben zuerst ihren eigenen Wünschen nachzugehen. Sie tut dies aber nicht. Warum?

Für ein kleines Kind gibt es zwei Wege, den eigenen Platz in der Welt zu finden – entweder imitieren oder vermeiden von Verhaltensweisen. In diesem Fall wurde die Welt der Eltern nachgeahmt, denn dieses Verhalten: «Der Mann steht im Mittelpunkt meines Lebens», war damals noch ganz normal. Es ist natürlich, dass wir unseren Eltern, so gut es geht, gefallen wollen. Als Kind herrscht in uns eine Angst, nicht mehr geliebt oder gar von den Eltern verstoßen zu werden. Schenken Eltern den Kindern nicht die benötigte Aufmerksamkeit, versuchen Kinder diese wiederzuholen. Dann kommen die Kinder in den Modus: «Ich erledige alles, was du willst, für dich, aber bitte hab mich lieb.»

Mit dieser Einstellung hatte sich auch Silvia in die Beziehung mit Michael eingelassen. Das bedeutet, sie hat sich nach der Aufmerksamkeit und Liebe ihres Mannes gesehnt. Um diese zu bekommen, hat sie alles für ihn erledigt, wodurch sie ihre eigenen Bedürfnisse vernachlässigt und einen immer größeren Pegel an Wut in sich aufgebaut hat. Wir Menschen brauchen Verbundenheit und Autonomie in einem gesunden Verhältnis. Wir brauchen das Gefühl, auch Dinge allein bewältigen zu können.

Dieses Gefühl hatte sie hier nicht, deswegen staute sich ein Sturm der Gefühle in ihr an und irgendwann platzte dieser aus ihr heraus. Das Fass war einfach so voll, dass schon ein Tropfen ausgereicht hat, um es zum Überlaufen zu bringen. Aus diesem Grund kommt es in einigen Situationen zu sogenannten «Ausbrüchen». Diese äußern sich dadurch, dass durch scheinbar «normale» Sätze viel mehr Emotionen gelegt werden, als es für gewöhnlich üblich bzw. zu erwarten wäre. Kümmere dich immer zuerst um deine eigenen Wünsche, Träume und Bedürfnisse. Was möchtest du? Willst du endlich den lang geplanten Urlaub mit deiner besten Freundin machen? Wieder einmal in die Sauna gehen oder einen Wochenend-Trip in die Berge machen? «Ja, aber das geht doch nicht, wie soll er denn ohne mich allein zurechtkommen? Er braucht mich doch, ohne mich kommt er nicht klar.» Nein, er braucht dich nicht für solch alltägliche Sachen. Du hast nur Angst, dass er alles meistert und du dir daraufhin überflüssig vorkommen könntest. Damit würde er dir zeigen, dass du nicht gebraucht wirst. Vor diesem angeblichen «Verlust» willst du dich schützen. Deswegen werden vom Unterbewusstsein solcherlei Ausreden erfunden. Wer bist du denn dann noch, wenn du merkst, dass du die Rolle «Hausfrau» nicht mehr im Alleingang ausfüllst, sondern dein Partner ebenfalls dazu in der Lage wäre?

Wir dürfen erst mal verstehen, dass unsere Zeit wirklich sehr wertvoll ist. Sie ist das wertvollste, dass wir in unserem Leben besitzen. Wenn wir unser Zeit-Geschenk einem anderen Menschen geben, dann sollten wir dies ganz bewusst tun. Das trifft nicht nur auf Menschen zu, sondern auch auf die Gegenstände, die wir besitzen. Es gibt Dinge im Haus, um die wir uns gar nicht kümmern wollen, diese aber dennoch besitzen. Warum? Wenn wir diesen unsere Zeit schenken, dann haben wir gar keine Zeit, uns um die Dinge zu kümmern, die für uns im Leben eine Relevanz haben. So nehmen wir uns selbst gar nicht ernst. Es bekommt einfach jeder Aufmerksamkeit in unserem Leben. Außer die wichtigste Person – und diese bist du. Nimm dir also immer zuerst Zeit für dich, denn du bist es wert.

Erlaube es dir, sichtbar sein zu dürfen

Als Alex schon wieder seiner Partnerin Sabrina eine Frage stellt, steht sie erneut im Mittelpunkt des Geschehens. Aufgrund der Frage wird sie etwas ängstlich und ist sich unsicher, was sie darauf antworten soll. Sabrina stottert etwas vor sich hin und bevor sie komplett verstummt, ergreift Alex wieder die Initiative. Das Pärchen ist gemeinsam mit ihren Freunden in einer Pizzeria, um dort den Abend ausklingen zu lassen. Während des weiteren Essens durchdenkt Sabrina im Geiste das vorherige Gespräch, bei welchem sie keine sinnvolle Antwort geben konnte. Sie denkt darüber nach, wie sie es hätte besser machen können, und kalkuliert durch, wie es hätte anders laufen können. Durch dieses ständige Auf- und Abspielen der Situation und somit auch das Durchspielen der damit verbundenen Gefühle nimmt ihr Verstand eine von Wut erfüllte Haltung gegenüber ihrem Partner ein. Sie würde ihm gern die Schuld geben, denn er hätte sie nicht bei einer solch komplizierten Fragestellung miteinbeziehen sollen. Sie möchte gern ihre Gefühle an ihm auslassen, damit er das nächste Mal daran denkt, ihr im nächsten Gespräch eine bessere Hilfe zu sein. Während des Essens mit ihren Freunden möchte sie aber keine schlechte Stimmung verbreiten. Sie entscheidet sich, ihn später auf dieses Thema anzusprechen. Als sich die Gruppe auflöst, gehen Sabrina und Alex schweigsam zu ihrem Auto. Sabrina ergreift die Gelegenheit und geht Alex verbal an: «Du hättest mich bei einer anderen Frage miteinbeziehen sollen, bei der ich auch eine Ahnung hatte. Jetzt denken sich die anderen bestimmt, dass ich nichts weiß und nichts kann.» Alex wirft seiner Freundin einen fragenden Blick zu. Er versteht sie nicht, denn sie wollte doch unbedingt, dass er sie mehr in die Gespräche miteinbezieht, und jetzt merkt er anhand ihrer Reaktion, dass er dieses Vorhaben offensichtlich falsch angegangen ist. Er wird ebenfalls wütend und meint zu ihr: «Entschuldige, ich konnte doch nicht riechen, dass du davon keine Ahnung hast. Du wolltest, dass ich dich mehr in die Gespräche einbinde. Genau das habe ich gemacht. Nur weil du nicht darauf antworten konntest, ist es nicht meine Schuld.» Sabrina ist daraufhin zwar frustriert, denkt aber über seine Worte nach. «Er hat recht. Es ist meine Schuld. Ich war nicht in der Lage, auf diese Frage zu antworten. Er hat damit nichts zu tun.» Sie fühlt sich dennoch schwach und gefühlsmäßig leergesaugt.

Sabrina versteht schon, dass sie die alleinige Verantwortung für die vorhergehende Situation übernehmen sollte. Sie war es, die keine gute Antwort parat hatte. Wenn jemand an sich arbeiten muss, um das nächste Mal besser dazustehen, dann ist sie es. Sie ist aber dennoch unzufrieden damit, dass sie nicht das nötige Selbstbewusstsein ausgestrahlt hat. In ihr herrschen momentan so viele Gefühle und sie weiß gar nicht, wohin sie die ganze Energie lenken soll. Natürlich besteht das Verlangen, den Partner dafür zu «bestrafen». Sie interpretiert beispielsweise auch rückblickend in seine Fragen, dass er sie vor den anderen hatte bloßstellen wollen. Natürlich ist es aus kurzfristiger Perspektive leichter anzunehmen, dass der Partner die Schuld trägt. Dann muss man sich ja selbst nicht «eingestehen», dass man an sich arbeiten muss.

Um diesen unangenehmen Weg zu vermeiden, gehen leider viele Menschen den Weg des geringsten Widerstandes. Dieser ist, andere für die eigenen Dinge verantwortlich zu machen. Das Wichtigste für Sabrina ist, erst einmal zu ergründen, warum sie so unzufrieden mit sich ist. Sie wollte unbedingt auch vor der Gruppe etwas sagen und aktiv am Gespräch teilnehmen. Sie wusste aber nicht, wie, und das macht ihr zu schaffen. Als allererstes ist es wichtig, dem Partner Schwächen klar und deutlich zu kommunizieren. «Hey Schatz, weißt du was, ich habe etwas Angst, die Initiative zu ergreifen, wünsche mir aber sehnlichst, dass ich das kann. Ich werde immer so nervös, weil ich Angst habe, etwas Falsches zu sagen und von den anderen ausgelacht zu werden.» Sollte dein Partner dich für diese Schwäche kritisieren, dann wechsle den Partner.

Das große Problem wäre gewesen, wenn es Sabrina geschafft hätte, den zugeworfenen Ball ihres Freundes weiterzuwerfen. Ja, du hast richtig gelesen. Das Schlimmste, was hätte passieren können, ist, dass Sabrina die Frage ohne ein Problem hätte beantworten können, denn das hätte sie langfristig nicht aus ihrem «Problem» befreit. Sabrina hätte sich damit in eine Abhängigkeit begeben. Hätte der Moment in der Gruppe gut für sie funktioniert, hätte sie für sich abgespeichert, dass sie nur noch in solchen Situationen mit ihrem Partner funktionieren kann. Sie wäre dann immer auf Alex angewiesen, um ihre eigenen Ängste zu kompensieren. Aber was ist denn Sabrinas echte Angst?

Wir haben schon herausgefunden, dass es Sabrinas Schwäche ist, Eigeninitiative zu ergreifen. Sie hat Angst davor, etwas zu sagen, bei dem sie von anderen «verstoßen» oder nicht mehr als ein Teil der Gruppe akzeptiert wird. Sie ist deswegen nicht nur durch ihre Wortwahl, sondern auch von ihrer kompletten Körperhaltung so in ihrem Muster gefangen, dass sie automatisch die tiefsitzende Angst ausstrahlt, von anderen nicht mehr als ein wertvolles Individuum angesehen zu werden. Sie zeigt schon allein durch ihre Gestik und Mimik, dass sie aus jeder Situation am liebsten flüchten möchte. Das sind auch Menschen, die beim Reden oft zu Boden schauen. Häufig werden gestellte Fragen auch nur kurz und knapp beantwortet, um keine weiteren Gegenfragen gestellt zu bekommen. Die Menschen berechnen sogar in ihrem Kopf einen Weg, um an so wenig Menschen wie möglich vorbeigehen zu müssen. Damit wird erreicht, dass sie keiner anspricht und sie mit keinem einen längeren Kontakt halten müssen. Nicht nur ihre Persönlichkeit ist darauf ausgerichtet, sich den anderen nicht zu «zeigen». Auch ihr Körper strahlt das direkt oder indirekt aus. Diese Personen sind oft ziemlich dünn, um nicht mit «viel Körper» Raum einzunehmen und sich somit wiederum angreifbar zu machen. Sie wollen sich «unsichtbar» machen. Und das, was man im Außen ausstrahlt, so fühlt man sich auch im Inneren. Da ist dann oft das Gefühl von Wertlosigkeit und eine Einstellung, als würde man nicht zur Gruppe dazugehören. Das heißt: Das Ziel von Sabrina ist es, sichtbar sein zu dürfen, und dabei kann ihr ihr Freund nicht helfen – ob er will oder nicht.

Warum ist es aber so, dass Sabrina sich so fühlt, als dürfte sie nicht sichtbar sein? Das kann auch in diesem Fall den Ursprung in ihrer Vergangenheit haben. Sabrinas Eltern könnten ihr das Gefühl gegeben haben, dass sie in vielen Situationen nicht erwünscht ist. Das kann sich dadurch äußern, dass man beim Spielen nicht so laut sein durfte. Wenn man isst, dann darf man unter keinen Umständen reden. Es konnte aber auch dadurch signalisiert werden, dass man nicht am gleichen Tisch wie die Eltern essen durfte, sondern seinen eigenen Tisch hatte. Dadurch wird im Gehirn abgespeichert, dass man nicht zugehörig ist und es besser ist, allein zu sein.

Es gibt viele Gründe, warum Menschen Angst haben, sich zu zeigen. Das Wichtigste für die eigene Lebensfreude ist es aber, aus der gedachten mentalen Unsichtbarkeit herauszutreten. Das funktioniert am besten, wenn man sich Referenzerlebnisse dafür schafft, dass man sich zeigen darf. Jedes Mal, wenn du merkst, dass du dich eigentlich verstecken möchtest, reagierst du anders als bisher. Das klingt einfach, ist es aber für viele in der Praxis nicht. Denn das Gehirn versucht, uns ständig davon abzuhalten, etwas zu tun, bei dem wir uns scheinbar blamieren könnten. Wenn du also abgespeichert hast, dass Schmerz dadurch vermieden werden kann, dass du schweigst, dann wirst du das auch als erste Reaktion so machen. Deswegen ist es wichtig, unser Gehirn umzuerziehen. Damit sind wir in der Lage, ganz anders zu agieren und reagieren als bisher. Zum Beispiel anderen ganz klar und deutlich in die Augen zu schauen, wenn du mit ihnen redest. Während des Gehens eine gerade Körperhaltung anzunehmen und dabei nicht auf den Boden zu schauen. Dies sollten wir immer wieder tun, wenn wir in Situationen geraten, in denen wir eigentlich fliehen möchten. Das Wichtige dabei ist, selbst daran zu glauben, dass du diese selbstbewusste Person bist. Kreiere dir eine Identität wie beispielsweise: «Die Frau, die sich zeigen darf und damit keine Probleme hat.» Diese Person bist du ab jetzt für immer. Die Angst, welche dadurch aufkommen könnte, ist, dass man plötzlich einer Erwartung standhalten muss. Man denkt, man muss jetzt für immer richtig agieren, auch an Tagen, an denen man das nicht will. Man denkt, man muss jetzt eine ganz andere Person sein. Das musst du aber nicht, denn du bist schon die Person, die du sein willst. Du musst nichts aufrechterhalten, denn du bist es bereits.

Der einzige Punkt, der zutreffen könnte, ist, dass du in deinem «neuen Ich» kritisiert wirst. Unser innerer Mechanismus funktioniert nämlich so: Du hast diesen Glaubenssatz, in unserem Beispiel: «Ich darf mich nicht zeigen.» Aus dieser Einstellung resultiert dein Verhalten. Das Verhalten versuchst du jetzt zu ändern, um dir selbst einen besseren Glaubenssatz zu vermitteln. Sollte dein Gesprächspartner dir den Eindruck vermitteln, dass du dich wirklich nicht zeigen darfst, verfällst du ganz schnell in den alten Modus. Der bestätigt dir in diesem Moment, dass du es doch nicht kannst. Das ist grundsätzlich jedoch nicht schlimm, wir dürfen nur nicht in diesem Zustand bleiben. Interessanterweise müssen wir nicht einmal kritisiert werden: Wenn wir nicht an uns glauben, finden wir immer Anzeichen dafür, dass die andere Person uns kritisieren will. Das bedeutet, wir interpretieren etwas in Blicke, Gesten oder sogar Tonlagen hinein, die vom anderen gar nicht negativ gemeint waren. Diese Position dürfen wir nicht einnehmen, denn diese entfernt uns von dem Ziel, uns zu «zeigen» und sichtbar sein zu dürfen. Sollte dich jetzt aber wirklich jemand für dein Verhalten kritisieren, und damit meine ich, dass dich diese Person wirklich persönlich angreift, ist das Beste, was du tun kannst, das Verhalten zu spiegeln. Das bedeutet, wenn dir einer «blöd» kommt, dann kommst du ihm «blöd» zurück. Wenn jemand zu dir sagt: «So einen Schwachsinn habe ich noch nie gehört», dann sagst du zum Beispiel: «Hast du diese Reaktion auch noch in intelligent parat?» Menschen, die dich persönlich angreifen, brauchst du nicht in deinem Leben, ebenso wenig wie die überflüssige Kleidung.

Bestätige dir immer wieder, dass du sichtbar sein kannst und auch bist. Glaube daran, die Person zu sein, die du sein willst. Unterstütze dich selbst dabei und motiviere dich tagtäglich dazu, es zu schaffen. Wenn du nicht hinter dir stehst, dann tut es auch kein anderer von ganzem Herzen. Du bist es wert, sichtbar sein zu dürfen.

Die Beziehung
zu deinem
Partner ist die
Beziehung zu
dir selbst

K annst du es dir erlauben, eine glückliche Beziehung zu führen? Bist du es dir überhaupt wert, eine Beziehung in Fülle und Geborgenheit zu führen? Und vor allem: Wie denkst du über dich? Denn das sagt viel über die Beziehung zu deinem Partner aus. Wenn du der Überzeugung bist, dass du es nicht einmal wert bist, eine gesunde Beziehung zu dir selbst aufrechtzuerhalten, wie kannst du dann in der Lage sein, eine gesunde Beziehung zu deinem Partner aufrechtzuhalten? Dein Partner bestätigt dir immer das, was du über dich denkst. Im Kapitel «Die Gefühle einer Frau kann keiner übersehen» haben wir das schon genauer betrachtet. Vielleicht ist dir schon einmal aufgefallen, dass du eine Sache, die jemand macht, an einem Tag möglicherweise mit Entspannung ansiehst und an einem anderen Tag mit Stress. Das sind die Gefühle, die du gegenüber dir selbst empfindest. Wenn dich dein Partner zum Beispiel mit Blumen und einer Pralinenschachtel begrüßt, dann kannst du entweder dankbar sein oder du denkst dir: «Naja, wurde mal wieder Zeit.» Die Handlung, die dein Partner getan hat, ist dabei neutral anzusehen. Du projizierst deine Gefühle auf ihn. Das bedeutet: Dein Partner ist dein Spiegelbild. Fühlst du dich gut, dann sind deine Wahrnehmungen gegenüber deinem Partner positiver als an Tagen, an denen du dich schlecht fühlst. Es ist eigentlich immer unsere eigene Interpretation. Wir suchen uns auch nicht den Partner nach unseren eigenen Bedürfnissen, Wünschen, Träumen oder auch nach den Gefühlen, nach welchen wir uns sehnen, aus. Wir haben in uns gespeicherte Muster und nach diesen Kategorien wird die Partnerwahl ausgeführt. Natürlich, denn mit dem bekannten Muster kann unser Gehirn in allen

Lebenslagen am besten arbeiten. Unser Gehirn ist sich schon bewusst, wie es mit dieser Art von Menschen umgehen soll, aus diesem Grund geht es auch den Weg des geringsten Widerstandes. Außer die Verhaltensweisen der Eltern haben uns nachhaltig so verschreckt, dass unser Gehirn nach dem kompletten Gegenteil strebt. Um dir bewusst zu machen, was du über deine Beziehung denkst, ist hier eine Übung. Führe diese Übung folgendermaßen aus:

Konsumiere mindestens 15 Minuten Inhalt, der nichts mit dem Thema Beziehung zu tun hat. Das kann ein Video über das Stricken, eine Zusammenfassung von Goethes besten Werken oder auch eine kurze Meditation deinerseits sein. Das hat den Effekt, dass dein Gehirn sich mit einem ganz anderen Thema beschäftigt. Aufgrund dessen erreichst du bei der nachfolgenden Übung auch das gewünschte Resultat.

Du bist nach 15 Minuten wieder da? Sehr gut.

Vervollständige die Anfangssätze, ohne darüber intensiv nachzudenken. Sondern die ersten Gedanken, die in dir hochkommen. Das sind dann auch die wahren Gedanken, die du zu diesem Thema hast.

Eine Beziehung ist ...

Liebe ist ...

Liebe und Beziehung sind für mich ...

Mein Partner ist ...

Wenn du die Sätze weitergeführt hast, dann betrachte diese genauer. Ist für dich eine Beziehung etwas Positives? Oder bist du der Meinung, dass dich die Beziehung an deinen Zielen und Wünschen hindert? Führen dein Partner und du die Beziehung, von der du als kleines Mädchen schon immer geträumt hast? Was ist Liebe für dich? Liebst du deinen Partner und liebt dein Partner dich?

Ich habe schon oft gehört, wie Frauen meinten, dass sie nicht die allerbeste Beziehung mit ihrem Partner haben. Sie können ihn aber nicht verlassen, weil «hier Ausrede einfügen». Alles ist dabei eine Ausrede. Es hat keinen Sinn, mit einem Menschen zusammen zu sein, wenn beide dem anderen nicht guttun. Nicht einmal die Kinder. Für die Kinder sind sogar zwei glücklich getrennte Elternteile besser, als ständig zerstrittene, aber zusammenlebende Eltern. Es ist vielmehr die eigene Angst, nicht mehr gebraucht zu werden, die einen zum Zusammenbleiben zwingt. Oder auch, weil man seinen eigenen gesetzten Zielen nicht nachgehen möchte und jemanden braucht, der einen davon abhält. Was genau das alles zur Folge haben kann und worauf alles aufbaut, erarbeiten wir gemeinsam in den darauffolgenden Kapiteln.

Zunächst befassen wir uns erst einmal damit, warum wir den Partner haben, den wir haben. Dazu erzähle ich dir gern eine Geschichte. Es geht um eine Frau. Sie war es leid, bei den Männern immer nur an Alkoholiker zu geraten. Sie hatte sich von ihrem damaligen Partner getrennt und wollte endlich wieder einen Neuanfang wagen. Diese Frau hat man für eine Studie in eine Bar kommen lassen, in der viele verschiedene Männer saßen. Es gab nur einen einzigen Mann in der Bar, der Alkoholiker war. Dieser war umgeben von vielen Nicht-Alkoholikern. Nun darfst du raten, zu welchem Mann sich die Frau an den Tisch gesetzt und ein Gespräch angefangen hat. So und so ähnlich trifft es bei vielen Menschen zu. Sie entscheiden sich, sich von ihrem Partner zu trennen, und irgendwie hat der Partner in der nächsten Beziehung die gleichen oder ähnliche Verhaltensweisen wie der vorherige. Das wiederum liegt einzig und allein an uns, wenn wir nicht im Vorfeld Zeit darin investieren, unser unbewusstes Muster im Kopf, wie der Partner zu sein hat, zu hinterfragen. Davor werden wir uns andere Menschen mit ähnlichen Allüren suchen. Es gibt Frauen, die sich trennen und dann einen «er ist ganz anders»-Mann finden. Das kann passieren. Aber nur, wenn die Frau ihre alten Programme aufgelöst hat. Das bedeutet, sie hat bewusst oder unbewusst reflektiert, was in der alten Beziehung schiefgelaufen ist, und hat angefangen, an sich zu arbeiten.

Der Partner, den wir für unser Leben aussuchen, gibt uns das Verständnis darüber, wie wir eigentlich sind. Das hat ebenfalls viel mit unserer Kindheit und unseren jungen Jahren zu tun. Natürlich nicht ausschließlich. Auch mit den Einflüssen, welche wir im Erwachsenenalter aufnehmen, wie zum Beispiel durch Medien, unser Umfeld und durch die Gesellschaft an dem Ort, an dem wir leben. Die meisten Muster kommen aber aus jener Zeit, in welcher wir als Baby noch die Welt «gelernt» haben, denn in dieser Phase bildet unser Gehirn die Grundprogramme dafür, wie wir alles um uns herum wahrnehmen. Hatten deine Eltern zum Beispiel viel Streit miteinander, welcher in deiner Gegenwart ausgetragen wurde, dann ist die Wahrscheinlichkeit höher, einen Partner zu treffen, mit dem man auch viel streitet. Das ist allerdings nur ein einfach dargestellter Verlauf in einem ziemlich komplexen System, denn diese Muster entwickeln sich durch viele kleine Handlungen der Eltern. An viele Speicherungen kommt man nicht durch ein einfaches Überlegen heran. Nehmen wir zum Beispiel Eltern, die ziemlich überfordert mit der Situation des Kindes waren. Dies trifft auf viele Eltern zu. Das Ziel des Kindes ist es, eine harmoniebedürftige Atmosphäre zu schaffen, und wenn das Kind sieht, dass die Eltern gestresst sind, möchte es ihnen helfen. Es fängt an, kleine Aufgaben im Haushalt zu erfüllen. Aber das ist nicht das Relevante, sondern es passiert auch viel, was man nach außen hin nicht sieht. Alle dadurch aufkommenden Gedankengänge können dazu beitragen, dass ein Kind später mit einigen Problemen zu kämpfen hat. So kann es passieren, dass der Vater mit dem Ausfüllen und Abschicken seiner Dokumente nicht hinterherkommt. Jetzt bekommt er schon Mahnungen und in zwei Tagen sollte er eine Antwort zurückschicken. Das Kind realisiert zum einen die Verantwortungslosigkeit des Vaters, der offensichtlich nicht fähig ist, sich ordnungsgemäß um seine Post zu kümmern. Zum anderen verharrt das Kind in den Gedanken, ob Papa es schaffen kann, sich um sein Leben zu sorgen. Es wird beim Spielen, kurz vor dem Einschlafen und beim Essen daran denken, ob der Brief auch abgeschickt wurde. Durch diesen nicht sichtbaren Vorgang kann es dazu führen, dass ein Kind in die Überverantwortung gelangt und als Erwachsener sofort Angst verspürt, wenn jemand etwas nicht ganz nach Termin schafft. Wir definieren das Wort «Liebe» dann auch durch «Ich muss für andere immer mitdenken». Dadurch suchen oder erschaffen wir uns einen Partner im Glauben, wir müssten seine Unternehmungen kontrollieren. Ob diese von ihm termingerecht geschafft und umgesetzt werden. Wir haben also immer nur den Partner, der uns unsere Überzeugungen und Programme, die wir gegenüber uns selbst haben, bestätigt. Wollen wir, dass der Partner sich ändert, müssen wir uns zuerst ändern.

Das größte Problem der Frau ist der Mann

Männer haben eine ganz besondere Fähigkeit: Sie gehen uns dann auf die Nerven, wenn wir sie am meisten brauchen. Der bekannte Sprecher Tony Robbins sagte einmal: Wenn du dich mit deinen Schwächen und wahren Problemen auseinandersetzen willst, musst du nicht meditieren. Du musst dich nicht in eine Höhle setzen. Verbring einfach 24 Stunden am Tag mit der Person, die du liebst – das bringt dich mental mehr an deine Grenzen als jede andere spirituelle Erfahrung.[2] Damit hat er recht. Der Partner ist dein Zugang zu allen Unklarheiten, die dich im Leben belasten. Durch ihn kannst du es dir ermöglichen, deine Verhaltensweisen tiefgreifend zu verstehen. Der Mann ist wie ein Schlüssel zu deinem Inneren. Männer können uns zeigen, was uns noch fehlt und welche versteckten Wunden wir in uns tragen. Denn der Mann triggert dich mit seinem Auftreten, mit seinen Methoden oder auch mit seinen Lösungsvorschlägen genau auf diese für dich unangenehme Weise. Und das brauchen wir. Denn hätten wir ihn nicht, würde uns keiner aufzeigen, wie wir uns selbst heilen können. Dazu möchte ich dir eine Geschichte erzählen:

Lea streitet ständig mit ihrem Mann Alexander. Sie hat ihn schon einige Male darauf aufmerksam gemacht, dass er endlich im Haushalt mithelfen soll. Alexander reagiert darauf aber recht wenig. Immer, wenn sie etwas bemerkt, bei dem er auch hätte mithelfen können, wird sie wütend. Sie möchte nicht alles für ihn erledigen, sondern eine liebevolle Unterstützung bekommen.

Denn für sie wird das alles manchmal zu viel. Alex meint es aber gar nicht böse. Er sieht einfach nicht, was im Haushalt noch gemacht werden müsste. Für ihn ist im Müll noch Platz genug, um diesen locker noch einen Tag zu befüllen. Außerdem vergisst er einfach, den schmutzigen Teller gleich in die Spülmaschine zu räumen. Lea stört dies zwar immer und sie flucht innerlich, sie erledigt die Dinge aber ständig für ihn. Zumindest so lange, bis sie komplett ausrastet.

Erst einmal möchte ich hier auf zwei verschiedene Wahrnehmungen eingehen: Für Alexander hat die Hausarbeit einfach nicht die gleiche Priorität wie für Lea. Er sieht das ziemlich entspannt und solange es aus seiner Perspektive nicht «schlimm» im Haus aussieht, wird er auch nichts dagegen unternehmen. Lea hingegen hat eine ganz andere Definition von «Sauberkeit». Für sie ist es nicht in Ordnung, wenn der Müll schon voll ist. Wenn ein schmutziger Teller immer noch im Spülbecken statt in der Geschirrspülmaschine liegt, triggert sie das direkt. Ist deswegen jetzt die eine Realität richtig und die andere falsch? Nein, beide haben lediglich eine andere Definition von «Sauberkeit». Hier steigen wir aber tiefer in Leas Gefühl der Wut hinein. Nicht nur Lea fühlt diese Situation, sondern viele andere Frauen auch. Das Gefühl ist hierbei jedoch die einzige Sache, bei der wir Verantwortung übernehmen können, denn wir können weder den Mann ändern noch seine Denkweise. Wir können aber uns selbst ändern, was wiederum sehr wichtig ist für ein Leben ohne ständigen Ballast oder Angst im Kopf. Das Gefühl «Wut» hatten wir bereits im Kapitel «Die Gefühle einer Frau kann keiner übersehen» besprochen. Der wahre Grund, warum Lea wütend auf

Alexander ist, ist nicht der, dass er nicht eigenständig daran denkt, den Müll rauszubringen oder den Teller wegzuräumen. Vielmehr fühlt sie sich als Mensch von ihm nicht wichtig genommen. Sie fühlt sich nicht gesehen, deswegen wird sie auch so laut, um zu signalisieren, dass sie noch da ist. Das Gefühl spielt immer eine große Rolle, denn alle Gefühle möchten uns etwas kommunizieren. Dieses Thema hatten wir aber bereits genauer beleuchtet. Hier soll es mehr um die eigene Wahrnehmung gehen. Beziehen wir uns wieder auf das vorherige Beispiel mit Lea und Alexander. Warum stört Lea das Verhalten von Alexander so sehr?

Wir haben schon gelernt, dass der Partner das Spiegelbild des eigenen Selbst ist. Das bedeutet: Alle Gefühle, die ich gegenüber mir selbst habe, bestätigt mir mein Partner. Aber nicht, weil der Partner mir zum Beispiel meine Angst bestätigen will. Sondern weil ich es in seine Taten hineininterpretiere. Ich suche dann förmlich danach, damit ich mir meine Überzeugungen selbst beweisen kann. Das passiert alles auf einer unterbewussten Ebene, denn keiner entscheidet sich bewusst dafür, schlecht behandelt zu werden. Wird Lea also zukünftig jedes Mal wütend, wenn Alexander laut ihrer Definition nicht ordentlich war, dann wird Lea eigentlich auf sich wütend. Wenn sie es Alexander nicht erlauben kann, unordentlich zu sein, dann kann sie sich es selbst erst recht nicht erlauben. Deswegen dürfen wir im ersten Schritt unsere eigenen Regeln, die wir gegenüber uns selbst aufgestellt haben, herausfinden. Die eigenen Spielregeln können die Lebensqualität stark einschränken, insbesondere dann, wenn es aus unserer Sicht «unfaire Regeln» sind. Wie finden wir diese heraus? Dafür ist der Partner ein großartiges Werkzeug, denn durch ihn können wir lernen. Jedes Mal, wenn dich etwas an deinem Partner stört, frage dich: Warum stört mich das? Durch diese kleine Frage kommt man zu sehr erstaunlichen Erkenntnissen. Denn es ist nie die echte Situation, die dich stört. Sondern es sind immer deine Regeln gegenüber dir selbst.

Es sind nicht nur die durch uns definierten Regeln, sondern auch die eigenen Erwartungen. Welche Erwartungen hast du gegenüber deinem Partner? Möchtest du, dass er sich mehr um dich kümmert? Möchtest du, dass er dir mehr seiner Zeit schenkt? Denn alle Erwartungen, die du gegenüber ihm hast, hast du auch an dich. Wenn man von einem Menschen etwas will, dann gibt man es sich nicht selbst im genügenden Maße. Denn viele Frauen sind zum Beispiel mit dem Haushalt und Job überfordert und finden einfach keine Zeit für sich selbst. In diesen Situationen wird oft der Mann beschuldigt, dass er sich zu wenig Zeit für einen nimmt. Wir wollen eigentlich gar nicht die Zeit von ihm haben. Sondern wir wollen es uns selbst erlauben, uns diese Zeit zu schenken. Haben wir wirklich ein Bedürfnis, die Zeit mit dem Partner zu verbringen, sollte das dem Partner klar und deutlich kommuniziert werden. Denn ein «Du nimmst dir zu wenig Zeit für mich», ist ihm gegenüber ein Angriff. Er ist, genau wie du, mit seinem Leben beschäftigt. Wenn du wirklich reflektiert hast, ob du Zeit mit deinem Partner verbringen möchtest, dann ist eine klare Kommunikation von Vorteil. «Schatz, es würde mir viel bedeuten, wenn wir einen gemeinsamen Filmabend machen würden. Ich würde gern mit dir unter einer Decke eingekuschelt liegen, kleine Marshmallows essen und einen Film mit Jennifer Aniston anschauen.» Dazu müssen wir erst einmal wissen, was wir wollen. Denn wissen wir es selbst nicht, kann es uns der Partner auch nicht geben. Der Partner ist zudem ein Spiegel der eigenen Angst. Die Sorge, unsere Ziele nicht zu erreichen, werden sehr schnell auf den Partner übertragen. Ich wollte damals unbedingt einen neu eröffneten Laden in einer Großstadt besuchen, die ca. 150 km von meinem Heimatort entfernt war. Allein wollte ich dort nicht hin – es fühlte sich nicht gut an, ich war fast ein wenig ängstlich. Ein Teil in mir wusste direkt von Anfang an, dass mein Partner keine Lust hatte, mit mir dort hinzufahren. Es gab einen Teil in mir, der das wusste. Aber eine andere Stimme in mir war der festen Überzeugung, dass Schatzi mitkommen wird. Diese Stimme hat auch die Kontrolle übernommen, als ich an einem Samstagmorgen zu meinem Partner ging, um ihm zu sagen, dass ich heute mit ihm fahren möchte. Da er weder vorbereitet war noch große Lust hatte, sagte er ab. Wie schon gesagt, ein Teil wusste es und war auch erleichtert, dass er abgesagt hatte. Denn somit war ich ja nicht schuld, dass ich nicht zu dem Laden fahren konnte, sondern mein Mann wollte nicht hinfahren.

Man sollte immer reflektieren, ob es wirklich der Partner ist, der einen aufhält. Denn in vielen Fällen ist dies nicht so. Er ist der Schlüssel, um zu sehen, was wir an uns bessern können. Deswegen ist dein Partner selten dein größtes Problem, sondern immer dein größtes Geschenk.

Gewalt – Wie viel willst du davon?

Gewalt ist nicht nur auf körperlicher Ebene ein Thema. Bevor wir das Thema näher erörtern, möchte ich meine Dankbarkeit ausdrücken. Wir leben in einer Zeit und an einem Ort, an dem Gewalt nicht mehr allgegenwärtig ist. Hier haben wir einen Anspruch, von unseren Rechten Gebrauch zu machen. Wir sind freie Frauen und dürfen selbst entscheiden, was wir aus unserem Leben machen wollen. Dieses Geschenk hat nicht jede Frau auf der Welt. Es gibt auch Länder und Kulturen, in denen Frauen nicht dieselben Freiheiten genießen dürfen wie wir. Dafür dürfen wir dankbar sein, denn es ist nicht selbstverständlich.

Gewalt gegen Frauen ist kein schönes, aber ein notwendiges Thema. Dabei darf man auf keinen Fall wegschauen oder es auf die leichte Schulter nehmen. Laut dem Bundesministerium für Familie, Senioren, Frauen und Jugend ist etwa jede vierte Frau schon sexueller oder körperlicher Gewalt zum Opfer gefallen. Opfer von gewalttätigen Männern, oder auch in einem kleineren Prozentsatz Frauen, sollten sich immer Menschen holen, denen sie sich anvertrauen können, ganz egal ob es der Therapeut oder die beste Freundin ist. Denn manchmal hinterlassen diese Taten psychisch mehr Spuren, als wir eigentlich zugeben wollen. In den meisten Fällen wird dieses Thema leider unterdrückt, um so schnell wie möglich vergessen zu werden, dennoch sind bei den Opfern Wunden vorhanden, die man nicht vergessen sollte.

Ich war vor einigen Jahren ebenfalls Opfer eines gewalttätigen Mannes. Ich habe es aber geschafft, davon endgültig wegzukommen und keine weiteren Berührungspunkte mehr mit dieser Art von Menschen zu haben. Mir war damals offensichtlich nicht bewusst, dass es auch ein «anderes» Leben gibt bzw. geben kann. Auch wenn es so selbstverständlich klingt: Die Frauen, die in einem Haus gefangen sind, in dem Gewalt herrscht, sind sich dessen auch nicht bewusst. Ich spreche von Frauen, die in vielen Situationen ihr «Nein» nicht durchsetzen können. Um es so verständlich wie möglich zu machen, tauchen wir erst einmal in die Psyche dieser Frauen ein.

Natürlich kann es verschiedene Gründe haben. Es ist tatsächlich zum einen der Gedankengang «Ich kann ihn noch ändern», um in der eigenen Geschichte als starke Frau anerkannt zu werden. Wir Menschen spielen in unserem Gehirn immer eine Geschichte ab. Diese Geschichte kann sein, für sich selbst etwas Erfolgreiches geschaffen zu haben. Damit man sich selbst bestätigen kann, dass man gut genug ist. Dieser sehnlichste Wunsch nach Wertschätzung kann so weit gehen, dass die Dinge ganz anders interpretiert werden, als sie eigentlich von einem wahrgenommen werden. Wird eine Frau mit dieser Denkweise geschlagen, sieht sie das irgendwann als nicht so schlimm an. Passiert es häufiger, ist das dann bereits Teil der «Beziehung». Diese Situation wird so akzeptiert, wie sie ist. Und das ist ein großer Fehler. Diese Frauen wissen im Inneren, dass etwas nicht in Ordnung ist. Deswegen halten sie auch oft Abstand von ihrer Familie oder auch anderen Menschen, wie zum Beispiel ihren Nachbarn. Sie wissen, dass sie auf dieses Thema angesprochen werden könnten. Sie wollen nicht hören, dass dieser Mann ihnen schadet. Sie wollen nicht den guten Ratschlag hören, dass sie sich trennen sollten. Dadurch, dass sie die Geschichte ganz anders wahrnehmen, sind diese Ratschläge in ihren Ohren nur schmerzhafte Kritik. Natürlich belastet sie die Situation. Deswegen kapseln sie sich immer weiter von ihren sozialen Kontakten ab. Und das ist das Schlimme, denn die Frauen befinden sich in diesem Moment in einem emotional instabilen Zustand. Einerseits würden sie gern mit jemandem darüber sprechen, mit jemandem, der sie versteht und ihnen einfach zuhört. Das, was bei ihnen zu Hause passiert, belastet sie mehr, als sie vor sich selbst eingestehen können. Andererseits möchten sie nicht für ihre Situation bewertet oder gar kritisiert werden, denn eine kleine Stimme in ihnen glaubt noch daran, diesen Mann ändern zu können. Das wird den Frauen auch so vom toxischen Partner suggeriert. Um dies besser zu verstehen, schauen wir uns einen typischen Verlauf in einer solchen Beziehung an. So können wir auch auf eine Lösung kommen.

Er und sie beginnen eine zunächst ganz normale Beziehung. Es verläuft alles gut, bis es irgendwann zum ersten Streit kommt. Er schlägt in dieser Situation zu und sie ist zunächst in einem Schockzustand. Sie weiß nicht, wie sie sich zu verhalten hat, was sie genau tun sollte oder wie es mit der Beziehung weitergehen soll. Wenn der eigene Selbstwert der Frau als zu niedrig angesehen wird, wird diese Situation ganz anders wahrgenommen, als es mit einem klaren Blick der Fall wäre. Hat sie die unbewusste Ansicht, dass sie es nicht wert ist, gut behandelt zu werden, dann ist dieses Ereignis nur eine Bestätigung. Die eigene Geschichte bekommt einen scheinbaren Beweis dafür, dass sie es nicht wert ist, besser behandelt zu werden. Verschlimmert wird die Situation dann, wenn man bedenkt, dass viel zu viele Frauen sich nie bewusste Gedanken über die eigenen Grenzen gemacht haben. Ohne diese vorher definierten Grenzen gibt es allerdings auch keine richtige Wahrnehmung dahingehend, ob der Schlag des Mannes gerechtfertigt war oder nicht. So ist sie aufgebracht, weiß nicht, was sie denken oder fühlen soll. Einige Tage vergehen und möglicherweise entschuldigt sich der Mann für seine Taten. Das gibt ihr ein wenig Hoffnung, dass es nur eine einmalige Sache war und sich ab jetzt alles zum Guten wenden wird. Wochen oder Monate vergehen und das Paar «lebt» sich wieder in eine glückliche und bedeutungsvolle Beziehung ein. Bis es erneut zu einem Streit kommt und der Mann die Hand erhebt. Diesmal war die Hemmschwelle des Mannes nicht so stark wie beim ersten Mal. Die Frau kann nicht glauben, dass es wieder passiert ist. Sie dachte wirklich, dass er sich ändern würde. In den nächsten Tagen wiegt sie ab, ob die Beziehung noch Sinn ergibt. Sie möchte sich trennen, aber er hatte doch so einen schlimmen Arbeitstag. Ihm geht es zurzeit nicht so gut, bestimmt hatte er es nicht böse gemeint. Die Frau arbeitet dennoch einen Plan im Kopf aus, ihm anzudeuten, dass sie sich von ihm trennen wird. Denn dann würde er ihrer Meinung nach endlich einsehen, was er für eine gute Frau hat, und um sie kämpfen. Beim Gespräch deutet sie an, dass sie dieses Leben so nicht mehr leben kann und sie darüber nachdenkt, in ein neues Leben ohne ihn zu starten. Sie jagt ihm dadurch natürlich einen Schrecken ein, woraufhin er mit mehreren Mitteln versucht, sie bei sich zu behalten. Die nächsten Tage ist er freundlicher als sonst, bringt ihr möglicherweise Blumen mit oder überrascht sie, indem er ihr ein Bad einlässt. Sie fühlt sich mit diesen schönen Gesten in ihrer Person umschmeichelt und wertiger. Nach einigen Tagen lässt dies aber wieder Schritt für Schritt nach. Das passiert in so kleinen Schritten, dass es beiderseits nicht sofort auffällt. Bis ein weiteres Mal Gewalt angewendet wird. Die Zeitabstände, in denen es passiert, werden kleiner und die Geste wird irgendwann von beiden «akzeptierter». Wenn die Frau noch ständig andeutet, dass eine Trennung passieren wird, aber nichts geschieht, bestätigt sie dem Mann immer wieder: «Es ist egal, was ich mache, sie wird nicht gehen.» Mental treibt sie dies immer weiter in eine Richtung zu «So sieht eine Beziehung nun einmal aus.»

Ich hatte mich damals von dieser Beziehung endgültig verabschieden können, als ich einen anderen Mann kennenlernte. Er lobte meine Wertigkeit in höchsten Tönen. Nur durch den Satz: «Du bist eine wunderschöne Frau und hast bestimmt einen Mann zu Hause, der dich auf Händen trägt», hat er in mir in einem Moment mein komplettes Denkmuster geändert. Ich war gefangen in einer Welt, in der es so normal ist, schlecht behandelt zu werden. Ich war ständig unbewusst in dem Glauben, dass alle Männer so sind. Dieser neue Mann hat meinen Glauben mit einem einzigen Satz durchbrochen. Plötzlich wurde mir klar, dass ich das Leben, das ich hatte, gar nicht so weiter leben muss. Es war für mich wie eine Bewusstseinsänderung. Ich habe verstanden, dass ich es wert bin, Grenzen aufzustellen. Dass ich es wert bin, einen Partner zu haben, der sich um mich sorgt. Das ich es wert bin, wie eine Königin behandelt zu werden.

Das war für mich ein großer Wendepunkt. Daraufhin habe ich zum ersten Mal richtig verstanden, wie weit eigentlich alles gekommen ist. Wenn du dich in dieser Geschichte wiedererkennst oder hier an jemanden aus deinem Umfeld gedacht hast, möchte ich dir etwas sagen: Keine Frau muss auf einen Mann warten, der ihr zeigt, dass sie es wert ist. Heute ist der Tag, an dem jede Frau ihr Glück selbst in die Hand nehmen kann.

Sieh es endlich ein, dass sich dein Partner nicht ändern wird, und akzeptiere, dass du ihn auch nicht ändern kannst. Das musst du auch nicht. Denn du bist nicht für sein Wohlergehen verantwortlich. Du übernimmst nur Verantwortung für dich. Wenn er sich nicht ändern will, dann ist es seine Entscheidung. Es ist dein wertvolles Leben und nur ein anständiger Mann hat es verdient, den Weg mit dir zu gehen. Es wird sich also nichts ändern, bis du dich nicht änderst. Der erste Schritt ist, sich bewusst dafür zu entscheiden, dass du eine Beziehung, die dir nicht guttut, verlassen möchtest. Der zweite, ebenso wichtige Schritt ist zu erkennen, dass du wertvoll genug bist, dich auf einen Mann einzulassen, der dich auf Händen trägt. Denn du bist es wert, eine glückliche Beziehung zu führen.

116

«Ich bin nicht deine Mutter»

Vor einigen Jahren erschien ein Lied von einer Sängerin mit dem Namen «I ain't your mama», oder zu Deutsch: «Ich bin nicht deine Mutter». In dem Musikvideo wurden mehrere Szenen aufgezeigt, in welchen sie in der Rolle der Frau viel für die Männer erledigt, ihr Wert dabei aber nicht gesehen wird. Leider ist das auch bei uns in vielen Haushalten noch so. Ein Großteil der Männer sieht die Unterstützung im Alltag durch die Frau als eine Fortsetzung des Komforts bei der eigenen Mutter. Dadurch hinterfragt der Mann auch oft nicht, wer viele Dinge im Haushalt schlussendlich erledigt. Das ist dabei absolut nicht als bösartig zu werten. Wenn ein Mann seinen Kaffee trinkt und die Kaffeetasse stehen lässt, wird er sie irgendwann wegräumen. Wenn nun aber die Frau das vor dem «Irgendwann» des Mannes erledigt und auch nicht kommuniziert, dass sie seine Tasse weggeräumt hat, nimmt ein Mann das gar nicht als existierende Aufgabe wahr. Man kann also nicht sagen, dass Männer den Frauen bewusst etwas «aufhalsen». Die Aufgabe ist lediglich nicht auf der bewussten Liste. Erst wenn seitens der Frau klar und deutlich aufgezeigt wird, dass hier etwas zu tun ist, dann führt der Mann die Aufgabe aus. Situationen, in denen wir die Schmutzwäsche in die Waschmaschine legen und lauter Kassenzettel in der Hosentasche des Mannes finden, sind in manchen Momenten für uns schon ziemlich nervig. Fragen wie: «Kann er mir denn nicht entgegenarbeiten?», oder «Muss ich mich denn um alles kümmern?», schwirren dann in unserem Kopf herum.

Ein weiteres Beispiel ist, wenn wir mit den schweren Einkaufs-tüten nach Hause kommen, etwas gestresst vom Berufsverkehr. Du beeilst dich noch, weil du die Kinder gleich noch von der Schule abholen musst. Du betrittst das Haus und siehst, dass dein Mann es sich auf der Couch gemütlich gemacht hat und Fernsehen schaut. Da ist er schon wieder, der «Ich bringe ihn gleich um»-Moment. In solchen Situationen wünschen wir uns doch einen Mann, der uns unterstützt. Der uns die Einkaufs-tüten abnimmt oder auch für weitere Termine selbstständig mit-denkt. Wir wollen eben keinen «Sohn», sondern einen Mann.

Gehen wir doch hier von einem mentalen Mutter-Sohn-Spiel aus. Also wenn der Mann der Sohn ist, dann übernimmst du unbewusst die Mutterrolle für ihn. Und hier bekomme ich in einigen Fällen Gegenwind, denn ich habe entweder Frauen er-lebt, die die Mutterrolle verneinen, oder die mir kommunizieren wollen, dass es anders irgendwie nicht geht. Der Mann an sich verhält sich manchmal wirklich wie ein kleiner Junge. Aber sind denn deine Taten oder auch nur deine kleinen Gesten dafür gedacht, mit einem Mann zu kommunizieren? Um dir das besser und verständlicher zu demonstrieren, möchte ich, dass du dir folgendes vorstellst: Ihr seid beim Einkaufen. Dein Mann sieht eine leckere Schokolade im Angebot und möchte diese in den Einkaufswagen legen. Als er schon kurz vor dem Wagen steht und versucht, die Schokolade reinzulegen, kommt von dir: «Schatzi, wirklich die Marke? Die schmeckt doch gar nicht.» Er denkt sich: «Okay, sie wird es schon wissen», und legt die Schokolade wieder zurück. Es ist nicht nur das Ge-sagte, du weißt exakt, welche Körperhaltung und Tonlage du dabei hattest. War das nicht die Mutterrolle? Oder denkst du, dass er dir aufgrund des Kaloriengehalts und der Verpackung versuchen wird, die Schokolade schmackhaft zu machen? Ein anderes Beispiel: Ihr werdet auf eine Party eingeladen und als sich schon alle versammelt haben, wird Prosecco ausgeschenkt. Du hattest dir eigentlich vorgenommen, heute nichts zu trinken, und als euch die Gläser gereicht werden und dein Mann schon langsam seinen Arm nach dem Glas erheben möchte, sagst du: «WIR trinken heute nicht.»

Warum steigen wir in diese Rolle der «Mutter» bzw. Machtperson? Einerseits sind wir natürlich geprägt von dem Bild der Eltern. Die Wahrscheinlichkeit, dass wir einige Dinge so machen wie unsere Eltern, ist sehr hoch. Wir hatten oft das Szenario einer dominanten Mutter und eines unterwürfigen Vaters. Die Mutter, die ständig gesagt hat, wie, was und wann der Mann etwas zu tun hat. Oder wir hatten vielleicht Eltern, bei denen wir als kleines Kind merkten, dass sie mit ihrem Leben nicht in allen Bereichen zurechtkommen. Wenn die Eltern ständig schlechte Laune hatten oder einfach überfordert mit Situationen waren. So hat das kleine Kind angefangen, die Verantwortung für die Eltern zu übernehmen. Wir wollten ja nicht, dass es ihnen schlecht geht oder sie an etwas scheitern. Mit dieser unbewussten Angst sind wir der Meinung, dass der Mann nicht alles auf eigene Verantwortung auf die Reihe bekommt, und diesen Zustand wollen wir so gut es geht vermeiden. Dadurch tun wir alles, was in unserer Macht steht. Im Grunde wollen wir, dass es ihm gut geht. Deswegen entwickeln wir diese Art der «Mutterrolle». Doch damit erreichen wir leider in den meisten

Fällen das genaue Gegenteil. Wenn wir den Mann nicht einige Male scheitern lassen, dann wird er es nicht wissen, wie weit er gehen darf. Das hat nichts damit zu tun, dass Männer nicht imstande sind, ihr Leben zu leben. Aber wenn wir sie ständig korrigieren und hinter ihnen «herräumen», dann sind wir diejenigen, die sie nicht selbstständig leben lassen. Zudem ist in seiner Welt nicht alles schlimm, was wir als Frauen möglicherweise als schlimm ansehen, was allerdings einfach in der Natur der Dinge liegt, da jeder Mensch andere Verhaltensweisen oder Situationen unterschiedlich für sich einstuft und bewertet. Hinzu kommen an einigen Stellen nun noch die Unterschiede, die evolutionsbedingt zwischen Männern und Frauen bestehen. Die Frauen haben ihre eigene Definition von «Richtig» und einige versuchen diese unbewusst auf den Mann zu übertragen. Nicht weil sie es ihm böse meinen, sondern eher durch einen unbewussten Reflex. Sie glauben, wenn sie durch ihr Verhalten gut im Leben vorangekommen sind, dann wird dies auch ihrem Partner guttun. Es ist also eher ein «Schutz» gegenüber ihrem Partner. Nun ist der Partner aber natürlich nicht immer der gleichen Ansicht wie man selbst. Es prallen dann zwei verschiedene Grundeinstellungen aufeinander, die eigentlich nichts miteinander zu tun haben sollten, denn dadurch wird dem Mann suggeriert, dass es falsch ist, wie er gerade denkt. Deswegen fühlt er sich eingeschränkt in seinen Möglichkeiten. Um das aus unserer Seite der Frau aufrechtzuerhalten, müssen wir uns noch mehr um ihn kümmern und seine Welt der Möglichkeiten schrumpft dadurch abermals. Ein selbst gemachter, sich intensivierender Teufelskreis.

Verstärkt wird das Ganze dadurch, dass wir uns durch diese Rolle definieren. Denn wenn wir nicht mehr für den Mann da sind, werden wir dann überhaupt noch gebraucht? Wenn der Mann, in unserer Vorstellung, allein sein Leben bewältigen kann, fällt dann nicht ein Stück weit unsere «Aufgabe» weg? Wenn für uns unbewusst ein Lebenssinn ist, die Rolle der «Mutter» zu haben, dann wollen wir diese Rolle auch komplett ausfüllen.

Wie definiert sich diese Rolle? Bei jeder Frau entwickelt sich das jeweilige Bild individuell, aber das Fundament ist überall das gleiche: Es ist die Rolle, sich um jemanden zu kümmern und dabei das Gefühl zu empfinden, dass das, was man macht, anderen guttut. Dass man für die Rolle Anerkennung erhält. Und was das Wichtigste ist: dass man in dieser Rolle gebraucht wird. Es stellen sich die Fragen wie: Wer bist du, wenn du deine Rolle nicht mehr hast? Fällt dann nicht auch deine Identität weg? Rollen sind ein starker psychologischer Mechanismus. Im späteren Verlauf des Buches schauen wir uns hilfreiche Techniken an, mithilfe derer du dich von Rollen, die dir und deinem Umfeld nicht guttun, befreien kannst. Sehen wir der Wahrheit ins Auge – der Mann kommt mit dem, was er macht, schon gut zurecht und braucht uns nicht. Wir sind aber oft der Meinung, dass er es nicht schafft. Wir haben in unserer Welt die Rolle der Retterin und Versorgerin kreiert. Auch wenn der Mann imstande ist, für sich selbst zu sorgen, ist unsere Wahrnehmung in einigen Alltagssituationen, dass er es nicht kann. Wir biegen die Wahrheit für ihn so hin, dass wir wieder die Rolle als Mutter übernehmen können.

Wir sollten uns von der Mutterrolle abkapseln, denn auch wenn die Geschichten im ersten Moment lustig klingen, sind sie dennoch für beide Seiten durchaus freiheitseinschränkend. Unser Radar ist ständig darauf ausgelegt, etwas zu finden und dieses Problem sofort zu beheben. Das stört, weil wir in diesen Momenten nicht den Fokus auf uns richten können, sondern uns um kleine und irrelevante Dinge sorgen. Diese so frei gewordene Kapazität können wir dafür einsetzen, für uns die Dinge einfacher und angenehmer zu gestalten.

Wer ist schuld?

Während ihr Mann heute einen geplanten Männerabend genießen möchte, macht Sandra es sich auf der Couch mit einem Film gemütlich. Voller Vorfreude, da sie erst morgen am Mittag zur Arbeit gehen muss, schenkt sie sich ein Glas Rotwein ein. Während sie sich noch etwas Nüsse und Käse zurechtmacht, denkt sie darüber nach, welches Genre ihr heute zusagt. Nachdem der Film vorbei ist, schaut sie auf ihr Handy, ob Daniel ihr schon geantwortet hat. Es ist kurz vor 12 und er hat noch keine Mitteilung hinterlassen. Ein leichtes Gefühl der Trauer überrollt sie. Dieses unterdrückt sie allerdings sofort wieder, denn rational gesehen, gibt es für sie keinen Grund für dieses Gefühl. Während Sandra das schmutzige Geschirr in die Spülmaschine räumt, grübelt sie darüber nach, was ihr Partner wohl gerade macht. Kurz vor eins entscheidet sie sich dann, ins Badezimmer zu gehen und sich bettfertig zu machen. Eine Zeit lang liegt sie wach im Bett und fixiert die Decke. Gedanken wie: «Was macht der denn so lange?» und: «Warum meldet er sich nicht?», durchströmen ihren Kopf. Eine leichte Wut bahnt sich ihren Weg nach oben, da keine Rückmeldung ein Verstoß gegen ihre Werte ist. Sandra liegt da und weiß nicht einmal, ob es Daniel gut geht. Eine kurze Nachricht mit: «Alles ist gut, Schatz», hätte seinerseits kommen können. Sie ruft ihn an und er geht Gott sei Dank ans Telefon. Er meint, dass er mit seinen Freunden noch so viel Spaß hat und erst später nach Hause kommen wird. Daraufhin versucht Sandra ihm klarzumachen, dass er morgen zur Arbeit müsste und doch lieber nach Hause kommen solle. Er versichert ihr aber, dass er erst am Nachmittag anfängt und noch genug Zeit hat, um zu schlafen und sich auszuruhen. Jetzt durchströmt Sandra eine viel größere Woge an Wut. Zuerst meldete er sich nicht und jetzt meint er auch noch, dass er länger bei seinem Männerabend bleiben wird. Sie legt wütend auf und versucht, in einen ruhigen Schlaf zu kommen. Irgendwann schläft sie ein, wird aber sofort wach, als sie das Türschloss hört. Daniel ist nach Hause gekommen. Sandra liegt noch etwas regungslos da und wartet, bis er das Schlafzimmer betritt. Nachdem er sich auch noch mit seinen schmutzigen Sachen ins Bett legt, setzt sie sich ruckartig auf. Sie fragt ihn, warum er sich nicht früher gemeldet hat. Sie hätte sich Sorgen gemacht und eine kurze Rückmeldung seinerseits erwartet. Daniel entschuldigt sich aufrichtig, denn es war nicht sein Ziel, dass Sandra sich Sorgen macht. Er erklärt, dass seine Kollegen die ganze Zeit so lustige Geschichten erzählt haben, dass er alles um sich herum vergessen hat. Dann fängt er freudig an, von seinem Abend zu erzählen, über welche Themen sie philosophiert und dass sie sich schon für nächste Woche erneut verabredet haben. Während er dies alles erzählt, breitet sich in Sandra wieder das Gefühl von Wut aus. Sie hatte sich Sorgen gemacht und er frühstückt dies einfach nur ab. Sie fühlt sich missverstanden, insbesondere was ihre innere Gefühlswelt angeht: Statt die Zeit allein zu genießen, hat sie zugelassen, dass Sorge und Wut in ihr toben, und nun wird ihr offenbart, dass er sich durchgängig gut gefühlt und nicht an sie und ihre Gefühle gedacht hat.

Was ist hier genau passiert? Aber da nur Frauen dieses Buch lesen: Was hat der Mann hier falsch gemacht? Ganz offen gesagt, der Mann hat hier nichts falsch gemacht. Denn der Mann ist so, wie er ist. Männer sind in vielen Fällen nicht so empathisch wie, wie wir Frauen.[3] Sie bewerten die Dinge meist rationaler als wir. Während es für eine Frau wichtig ist, ihre Gefühle zu sprechdenken, um diese zu verarbeiten, und dabei einfach nur verstanden zu werden, ist der Mann auf die Lösung des Problems programmiert. Für Männer ist es nicht angenehm, durch ein «negatives» Gefühl zu gehen. Er sieht keinen Sinn darin. Um auf deine Gefühlslage zu kommen und um dich wirklich zu verstehen, müsste er sich kurz einfühlen, was du gerade fühlst, und das will er eventuell nicht. Sandra hat ihm also auf der Gefühlsebene kommuniziert, dass sie sich unwohl gefühlt hat, dass er sich nicht früher bei ihr gemeldet hat. Ihr Ziel war es zwar, eine Entschuldigung zu erhalten, doch primär war ihr Ziel, dass er sie versteht. Das Gehirn des Mannes funktioniert etwas anders als das der Frau.[4] Daniel hat nämlich den Satz aufgenommen, verarbeitet, realisiert, dass er daran nichts ändern kann, und dies mit einem «Tut mir leid» versehen. Wahrscheinlich war er auch kurz wütend auf sich selbst, da er etwas falsch gemacht hat. Seine tief verankerte, unterbewusste Angst wurde getriggert, ihr nicht genug zu sein. Und um diese Angst nicht weiter zu vertiefen und nicht ewig lange aufgrund seines Fehlers zu diskutieren, hat er das Thema schnell beendet. Für ihn war das Problem damit abgehakt. Eine weitere Möglichkeit für eine in ihm aufkeimende Wut könnte zudem sein, dass er eben keine Schuld bei sich sieht und die Vorwürfe, welche ihm nach einem gelungenen Abend unangekündigt entgegengebracht werden, als ungerecht empfindet.

Bei Sandra herrscht aber momentan noch immer das Gefühl von Wut vor. Aber warum? Weil er sich nicht früher gemeldet hat? Weil er so lange weg war? Oder weil sich das Ganze nächste Woche möglicherweise wiederholt? Sandra hat nach dem Einräumen der Spülmaschine erst einmal noch eine längere Zeit auf Daniel gewartet, bis sie sich ins Bad begeben hat. Sie hat also darauf gewartet, dass Daniel in diesem Zeitraum nach Hause kommen wird. Sie hat eine Erwartungshaltung ihm gegenüber aufgebaut. Sie hatte die unbewusste Erwartung, dass er gegen Ende des Filmes wieder zu Hause ist. Diese Erwartungshaltung konnte aber nicht erfüllt werden, was sie in eine niedergeschlagene Stimmung katapultiert hat.

Doch warum hatte sie überhaupt diese Erwartung? Leichter wäre es doch gewesen, Daniel zu fragen, wann er nach Hause kommt. Aber das war keine Option für sie, denn ihre Angst war, dass er ihr eine Zeit nennt, mit der sie nicht zufrieden wäre. Um dieser Enttäuschung und möglicherweise auch einem Streit zu entgehen, ist sie davon ausgegangen, dass sich ihre Wege wiedertreffen werden, wenn der Film vorbei ist. Sandra hat im späteren Verlauf des Abends, während des Telefonats, eine noch viel größere Woge an Wut empfunden, denn sie hat herausgehört, dass ihr Mann viel Spaß mit seinen Freunden hat, während sie zu jener Zeit gefrustet zu Hause saß. Allein. Auch wenn der Film schön war, so spaßig wie der Abend ihres Mannes war ihr Abend nicht. Wir sind nur in dem Maße in der Lage, den Menschen um uns herum etwas «Gutes» zu wünschen, in dem wir uns das Gute selbst erlauben. Die Menge an Spaß, die wir uns selbst erlauben, können wir unterbewusst auch anderen erlauben. Als

Sandra für sich geklärt hatte, dass es für sie eher ein entspannter Abend mit einem Glas Rotwein wird, war ihre Annahme, dass Daniel seinen Abend so ähnlich angehen würde.

Es ist gut zu reflektieren, woher das Gefühl in ihr wirklich kommt, denn ansonsten kann es passieren, dass sie ihm auch die Verantwortung über eine Lage gibt, an der nur sie etwas ändern kann, und dadurch wird es ihr nicht besser gehen. Das wahre Problem ist, dass sie es sich möglicherweise nicht erlauben kann, den Abend nach ihren Vorstellungen so spaßig wie möglich auszureizen. Unabhängig vom eigenen Partner Spaß zu haben ist etwas, das sich jeder Mensch selbst gestatten muss. Der Mann ist hierbei ein Geschenk für Sandra, denn durch diese Situation kann sie ihr echtes Problem erkennen und daran arbeiten. Denn wenn Daniel ab jetzt kürzer mit seinen Freunden ausgeht oder nun weniger unternimmt, nur um Sandra scheinbar glücklich zu machen, ändert es nichts an dem wahren Problem. Sandra wird dann mit der Zeit den Radius, in dem sich Daniel noch frei bewegen kann, verkleinern, um nicht mit ihrer Angst konfrontiert zu werden, geschweige denn, sich mit ihrem Problem auseinanderzusetzen. Es stellt sich hier nicht die Frage, wer die Schuld trägt. Es tragen beide die Verantwortung, sich weiterzuentwickeln und aneinander zu wachsen.

Neid und Eifersucht – Der Mangel an Selbstwert und Selbstliebe

Während du mit deinem Mann am Küchentisch sitzt und ihr gemeinsam zu Abend esst, fängt er an, über seinen Tag zu erzählen. Er berichtet dir über einen ganz normalen Arbeitstag. Als er anfängt, über Marie zu sprechen, mit der er gerade gemeinsam ein berufliches Projekt beendet, spürst du ein leichtes Ziehen im Bauch. Du lässt dir nichts anmerken, denn du bist ziemlich froh, dass dein Mann so erzählfreudig ist. Später aber machst du dir schon einige Gedanken wie: «Wie könnte sie wohl aussehen?», «Was hat sie für Abschlüsse?», und vor allem: «Hat sie mehr im Leben erreicht als ich?»

Jeder hatte schon mal diese seltsamen Gefühle. Dabei ist es hier in unserem Beispiel kein Gefühl der Eifersucht, sondern des Neides. Beide Gefühle liegen nah beieinander. Sie sind aber nicht dasselbe, denn Eifersucht ist die Angst, etwas zu verlieren. Neid hingegen empfinden wir, wenn jemand etwas beispielsweise besser macht als wir und wir dieses Ziel oder den Lebensumstand genauso für unser Leben übernehmen wollen. So wie hier die Angst gegenüber Marie, die eventuell gebildeter ist oder beruflich gleichgestellt ist mit ihrem Mann. Solltest du in dieser Geschichte die Angst haben, dass dein Mann dich für Marie verlässt, dann ist das die Eifersucht. Eifersucht kann, um in unserem Beispiel zu bleiben, getriggert werden, wenn der Vater, anstatt bei uns zu bleiben, seine Zeit der Arbeit gewidmet hat.[5] Durch ein solches Verhalten kann es dazu kommen, dass die Tochter noch als erwachsene Frau ständig diese unbewusste Angst in sich trägt, dass sie (schon wieder) von einem Mann verlassen werden könnte. Eifersucht kann sich auf verschiedene Arten ausdrücken. Dabei geht es oftmals darum, den Partner mental einzumauern. Eine Grenze zu stellen, die immer weiter schrumpft. Dadurch haben wir das sichere Gefühl in uns, dass der Gegenüber nicht ausbrechen wird. Fragen, wie: «Du hattest doch bereits um 18 Uhr Schluss, warum bist du jetzt erst um 19 Uhr zu Hause?», werden oft aus Eifersucht und Verlustangst gestellt. In diesem Fall steht dahinter die Absicht, den Partner nur zwischen Arbeit und Wohnung kontrolliert pendeln zu lassen. Oder er wird ganz dezent darauf hingewiesen, dass er doch genau dann versprochen hat, etwas zu erledigen, wenn er sich gerade auf ein Treffen mit seinen Freunden vorbereitet. Ist er dann unterwegs, kommen die ganze Zeit Anrufe, oder man schickt einfach irgendwelche Bilder. Man versucht mit allen Mitteln, seine Aufmerksamkeit zu bekommen.

Die Frage «Schatz, liebst du mich noch?», verstärkt den Verdacht darauf, dass hier Eifersucht mit im Spiel ist. Dies alles passiert aus Angst, den Partner zu verlieren. Dadurch verbietet man ihm teilweise sogar den Spaß mit anderen Menschen, nahezu jeglichen Kontakt mit anderen Frauen. In schlimmen Fällen soll man sogar den Standort stündlich teilen. Viele glauben, das Durchsuchen der Nachrichten, E-Mails oder des Suchverlaufs, wäre ein Indiz dafür, vom Partner allein gelassen zu werden. Wenn jemand wirklich Angst hat, verlassen zu werden, sucht er nicht nach Beweisen. Wenn wir diese Taten begehen, haben wir auch das Ziel, etwas zu finden. Das gibt uns die Bestätigung dafür, dass unsere Beziehung nicht zum Weiterführen gedacht ist, wir hoffen also unterbewusst darauf, etwas Eindeutiges zu finden, um uns die Entscheidung zu erleichtern.

Im Gegensatz zur Eifersucht sagt Neid aus, dass wir mit unserer aktuellen Lage nicht zufrieden sind, denn wie im oben aufgeführten Beispiel kann es sein, dass Marie besser aussehen könnte, mehr Abschlüsse auf ihrem Gebiet hat oder schlicht und einfach nur intelligenter ist. An dieser Stelle spielt unser Selbstwert eine essenzielle Rolle: Wir denken, dass wir nicht gut genug sind. Deswegen fangen wir an, uns mit Marie zu vergleichen. Eine ganz kleine Stimme möchte uns dabei mitteilen: «Du bist nichts und du kannst nichts.»

Wenn wir nicht reflektieren, woher diese Gefühle kommen, dann sind wir im Glauben, dass, um unseren Fall weiterzuführen, der Mann dabei die Schuld trägt. Gib ihm auf keinen Fall das Gefühl, dass er etwas falsch gemacht hat. Das wäre ein großes Problem, denn der Partner trägt keine Schuld für unsere selbst erschaffenen Gefühle. Es sind unsere Gefühle und mit denen müssen einzig wir selbst arbeiten. Natürlich kannst du deinem Partner erzählen, was dich bedrückt. Geh aber bitte nicht davon aus, dass er dich direkt versteht. Die wichtigste Frage ist an dieser Stelle nämlich: Wie kommen wir aus eigener Kraft aus diesen Gefühlen heraus?

Beim Thema Eifersucht ist es wichtig, dem Partner zu vertrauen. Auch wenn das für eifersüchtige Frauen schwer klingt: Lass ihn los. Das bedeutet: Gib ihm die höchste Freiheit, die ein Mensch haben kann. Lass ihn überall und zu jeder Tageszeit dahin gehen, wohin er gehen will. Wenn er erst einmal spürt, was er alles von dir bekommen kann, dann wird er auch ohne jeden Druck bei dir bleiben wollen. Ein Mensch, der merkt, dass er von allen Seiten festgehalten wird, wird immer wieder versuchen auszubrechen. Wir alle brauchen Freiheiten und wenn du sie ihm gibst, dann wird er von ganz allein freie Zeit für dich haben. Mit ein bisschen Zeit verschwindet dann ganz nebenbei die Eifersucht aus der Beziehung.

Empfinden wir hingegen Neid, dann haben wir uns keine Gedanken darüber gemacht, was wir im Leben wirklich wollen. Das Thema Verantwortung ist hier wieder großgeschrieben. Übernehmen wir keine Verantwortung für unser Leben, dann sind wir uns auch nicht der Dinge bewusst, die wir schon erreicht haben. Das Problem, das beim Setzen von Zielen immer wieder auftritt, ist die Angst davor, sich über echte Ziele und Wünsche Gedanken zu machen, denn wir haben Angst davor, uns selbst zu erlauben, ein glückliches und erfülltes Leben zu genießen. Wir denken oft unbewusst, dass wir es nicht wert sind, ein schönes Leben zu führen. Deswegen geben wir uns auch keine Mühe, unsere echten Ziele zu erreichen. Wir sind ständig in der Erwartungshaltung, können diese aber nicht befriedigen. Wenn wir jetzt bemerken, dass eine andere Person scheinbar mehr erreicht hat als man selbst, werden wir neidisch. Wie umgehen wir das Ganze? Indem wir uns selbst erlauben, alle unsere Wünsche und Träume zu verfolgen. Und uns diese dann auch zu erfüllen.

Der ständig unbefriedigende Sex

Sex findet in der Regel zwischen zwei Menschen statt. Das bedeutet, jeder trägt zu 50 Prozent die Verantwortung, es zu einem schönen Erlebnis werden zu lassen. Um es dir so angenehm wie möglich zu machen, solltest du hauptsächlich Verantwortung für deine 50 Prozent übernehmen. Dennoch kannst du auch auf die 50 Prozent des Mannes mehr Einfluss nehmen, als du denkst. Dabei geht es nicht darum, unterwürfig gegenüber dem Mann zu sein oder ihm alle Wünsche zu erfüllen. Es geht darum, dass der Mann sich bewusst um dich sorgt und es für dich so angenehm wie möglich gestaltet. Dabei gehen wir in diesem Kapitel von einer heterosexuellen Beziehung aus. Natürlich kann das, was wir in diesem Abschnitt behandeln, auch auf zwei Frauen oder zwei Männer zutreffen. Denn das, was wir tun, ist weniger geschlechtsabhängig, als man glaubt.

In jeder Beziehung gibt es zwei verschiedene Energien. Ein Teil der Beziehung fühlt sich in der männlichen Energie vollkommen, während der andere Teil sich in der weiblichen Energie wohler fühlt. Männliche Energie bedeutet, die dominantere Seite des ganzen Zusammenspiels zu sein. Das wiederum heißt: Ein hohes Testosteron-Level trifft auf gesunde Selbstsicherheit. Auf der anderen Seite sehnt sich die weibliche Energie danach, sich führen zu lassen und die emotionale Beziehung aufrechtzuerhalten. Eine Frau kann sich beim Sex ausschließlich fallen lassen, wenn sie eine emotionale Bindung zu ihrem Mann spürt, während der Mann den Sex braucht, damit er sich emotional verbunden mit der Frau fühlen kann. Jeder trägt beide Energien in sich, ganz unabhängig vom biologischen Geschlecht, und bei einer Interaktion sind diese ständig im Wechsel. Wenn die Frau in der Beziehung also ständig die Rolle einer Führungskraft übernimmt, dann wechselt der Mann automatisch in die Rolle der «Frau». Dies kann ein häufiger Grund dafür sein, dass der Sex ständig langweilig und oberflächlich ist. Jetzt stell dir mal vor, du bist der Mann in der Beziehung. Deine Frau erzieht dich durch subtile Sätze dazu, was du tun und lassen kannst. Das geschieht so oft, denn auch Sätze wie: «Schatz, setz dich da nicht hin, das ist da schmutzig» zählen dazu. «Schatz, hör auf, ständig die Zahnbürste mit dem Kopf nach unten in den Becher zu stellen», oder: «Schatz, bring bitte den Müll raus, bevor du den Fernseher anmachst.» Das alles sind Sätze, die dem Mann immer wieder demonstrieren: «Du hast nicht die Führung», sie bevormunden ihn und drängen ihn in eine untergeordnete Rolle. Ja, ich verstehe den Frust, wenn der Mann sich wirklich auf den Fleck setzt und man dann einige Zeit lang damit beschäftigt ist, die Hose sauber zu machen. Ich weiß, dass es total nervt, den Zahnputzbecher immer wieder innen zu reinigen. Ich verstehe dich so gut. Keine Sorge, ich werde dir jetzt nicht sagen, dass du in aller Stille hinter dem Mann hinterherräumen musst, um ihn nicht zurechtzuweisen. Das ist garantiert nicht der richtige Weg.

Am wichtigsten ist immer eine Absprache auf Augenhöhe, denn der Mann meint all diese Kleinigkeiten nicht böse. Er denkt einfach in diesen Momenten nicht bewusst daran. Umso wichtiger ist es, das Ganze richtig anzusprechen. Hier ein

Beispiel: «Schatz, ich finde das nicht okay, dass du die Zahnbürste mit der Bürste nach unten in den Becher stellst. Ich verstehe, dass du das nicht mit Absicht machst.» In einigen Fällen reicht diese einfache Ansprache. Was aber, wenn dein Partner es wieder und wieder vergisst? In vielen Beziehungen wird jetzt mit immer stärkerer Intensität darauf hingewiesen. Das allerdings ist wohl kaum der richtige Weg. Lass uns also weiter mit und nicht gegen den Partner arbeiten. Ein Beispiel dafür ist: «Schatz, ich weiß, dass du das nicht böse meinst. Aber es ist für uns beide nervig, wenn ich jeden Abend wegen der Zahnbürste meckere. Wir kleben einfach neben dem Becher ein kleines X an die Wand, das erinnert dich daran. Nach einer Woche ist das dann eh zur Gewohnheit geworden.» Wichtig ist hier, nicht mit einer Tonlage auf ihn einzureden, die «von oben herab» klingt. Denn dadurch fühlt er sich, als würde er nichts in seinem Leben auf die Reihe bekommen. Er könnte dann wütend werden und sich in seiner Freiheit eingeschränkt fühlen. Deswegen ist es wichtig, ihm verständlich zu machen, dass ihr gemeinsam daran arbeitet und er ebenso zur Aussprache bringen soll, was ihn eventuell stört oder triggert. Wenn du über kleine Dinge ständig dominierst und sagst, wie die Dinge zu laufen haben, wie soll er dann seine Männerrolle bei dir ausleben?

Wie also kannst du dazu beitragen, den Mann in seiner männlichen Energie aufblühen zu lassen? Indem du ihn auch als solchen betrachtest. Unsere Wahrnehmung hat einen großen Einfluss auf unser Verhalten. Sätze, Gesten und Tonlagen verändern sich unbewusst, je nachdem, als was wir unseren Partner ansehen. Wenn wir ständig damit beschäftigt sind, seine

Leistungen abzuwerten, dann kann er sich auch nicht ernst genommen fühlen. Wir als Frau können dazu beitragen, in ihm das Gefühl von Männlichkeit zu verstärken. Ein hypothetisches Kopfstreicheln und ein: «Ja, das hast du aber fein gemacht», geben ihm nicht das Gefühl, ein echter Mann zu sein. Wenn das dann ständig passiert, geschieht eine langsame Verwandlung zu einem femininen Mann. Es kann aber auch passieren, dass er anfängt, mit anderen Frauen Kontakt zu haben. Wenn er im Außen plötzlich wieder erlebt, dass jemand Interesse an seinen Geschichten zeigt und mit funkelnden Augen Begeisterung zeigt, ist es oft genau das, was ihm fehlt. Er sehnt sich automatisch danach und bist du nicht in der Lage, ihm diese Gefühle entgegenzubringen, dann wird er dieses tief verankerte Bedürfnis nach Anerkennung woanders befriedigen. Du hast diesen Mann ausgewählt, weil es Dinge gibt, die Anerkennung wert sind. Jede Frau wünscht sich einen Mann, der etwas erreicht. Und jeder Mann wünscht sich das Gefühl, dass das auch anerkannt wird. Wenn er ganz mit diesem Gefühl erfüllt ist, dann hat er auch kein Problem, den «Mann» beim Sex rauszulassen. Denn du bist es wert, guten Sex zu haben.

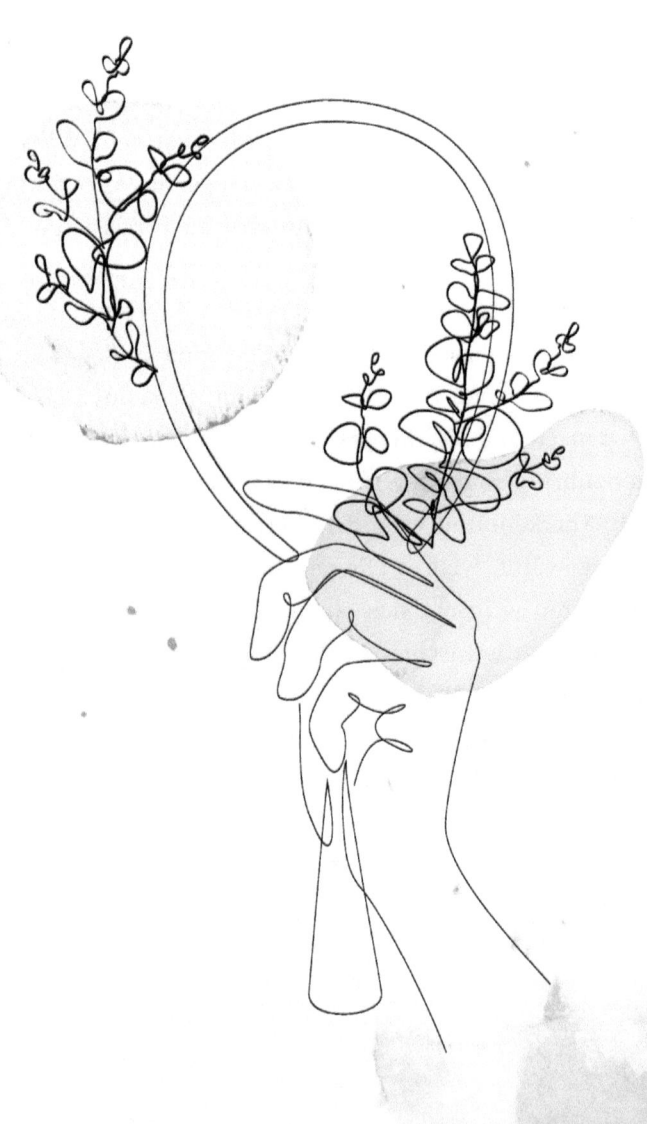

Die Finanzen – der Spiegel deiner selbst

Unser Selbstwert spiegelt sich zudem in unserer Finanzsituation wider. Hast du dich schon einmal gefragt, warum einige Menschen mehr Geld haben als andere? Damit meine ich nicht nur im gleichen Bereich. Die Qualifizierung steht in der heutigen Zeit nicht mehr im Hauptfokus. Natürlich kannst du dich nicht ohne Studium und Vorkenntnisse auf die Stelle eines Arztes bewerben. Das ist aber auch gar nicht die Mission dieses Kapitels. In diesem Kapitel möchte ich mit dir darüber sprechen, was alles möglich ist, wenn wir es uns nur erlauben. Denn wir haben die Chance, mit unserem Wissen viel mehr Geld zu verdienen, als wir es momentan tun. Viele machen das aus mangelndem Selbstvertrauen nicht. Sie erlauben es sich nicht oder der jetzige Job ist scheinbar sehr komfortabel. So oder so, es gibt immer genug angebliche Gründe, warum wir genau jetzt nichts ändern sollten. In vielen Fällen nimmt man lieber etwas Bekanntes hin, das einem nicht guttut, anstatt etwas Neues und Unbekanntes auszuprobieren, das einem möglicherweise misslingen könnte. Über die verschiedenen Bereiche, die darüber bestimmen, in welchem Wohlstand wir leben, befassen wir uns in diesem Kapitel. Denn auch bei den Finanzen tragen wir eine Menge Filter und Blockaden in uns, die wir auf die Außenwelt übertragen. Nach diesem Kapitel hast du die Macht, über deine Zukunft zu entscheiden und sie exakt so zu leben, wie du sie leben willst.

Du hast die Arbeit, die du innerlich verkörperst

Alles, was in unserem Inneren passiert, strahlen wir auch nach außen aus. Jede Gefühlslage, jede Denkweise über uns selbst strahlen wir auf unsere Mitmenschen aus. So ist es auch im Beruf. Den Beruf, bei dem wir denken, dass wir ihn verdienen, den werden wir auch ausführen. Als ich noch vor einigen Jahren in einem Restaurant gearbeitet hatte, haben wir eine neue Kollegin bekommen. Sie kam aus Tschechien, deswegen beherrschte sie die deutsche Sprache noch nicht auf einem so guten Niveau, um sich flüssig unterhalten zu können. Eine wirklich sehr sympathische Frau. Stets hilfsbereit und fleißig. Sie hat während der Arbeit ihre Deutschkenntnisse in einem Jahr sehr stark verbessert. Aufgrund ihrer Lernfähigkeit, ihres Wissens und ihres Fleißes hätte sie sofort einen anderen Beruf ausführen oder in derselben Branche für mehr Geld arbeiten können. Denn ihre Qualifikationen sind gestiegen. Einige Jahre später hatte ich mich vom Angestelltendasein verabschiedet, um mich selbstständig zu machen. Als ich nach einem Jahr in dieses Restaurant zum Essen gegangen bin, sah ich die Frau noch immer dort arbeiten. Wir kamen ins Gespräch und da ihr Deutsch mittlerweile richtig gut war, habe ich erfahren, dass sie mehrere anerkannte Abschlüsse in ihrem Heimatland gemacht hatte und die Lizenzen sogar hier in Deutschland gültig sind. Ich schaute sie fragend an, warum sie den Job nicht wechselt, denn für den Servicebereich war sie eindeutig überqualifiziert. Ich fragte sie, warum sie diesen

Schritt nicht in die Tat umsetzt. Mit ihren Kenntnissen hätte sie locker das Doppelte verdienen können. Sie hatte in dieser Zeit noch ein Kind bekommen und sie hätte mit weniger Arbeitsstunden mehr Einkommen erzielen können. Sie hätte sich und ihrem Baby mehr bieten können und natürlich mehr Zeit für ihre Tochter gehabt. Ich glaube, ihr war das Thema ziemlich unangenehm, denn sie winkte dies mit einem Lächeln ab und meinte, sie würde sich schon darum Gedanken machen. Ich beließ das Gespräch an diesem Punkt, weil ich merkte, dass diese Situation durch meine Hilfe nicht verbessert werden konnte. Als ich nach einigen Monaten wieder in das Restaurant zum Essen ging, habe ich sie wieder hinter der Theke gesehen. Ich war zwar wieder ein wenig verwundert und wollte sie darauf ansprechen, unterließ es dann aber, denn ich merkte, dass ich damit nichts hätte erreichen können. Mir tat die Frau etwas leid, denn sie hatte ein gigantisches Potenzial, aus diesem niedrig bezahlten Job herauszukommen. Sie tat dies aber nicht. Sie stand sich selbst im Weg.

Sie ist nicht die einzige, der es so geht. Ich sehe und höre immer wieder so viele Geschichten von Menschen, die sich regelmäßig aufgrund ihres Chefs oder ihrer Kollegen beschweren. Jeder hat schlechte Tage, wir sind alle Menschen. Es ist ganz natürlich, dass sich die Probleme bilden, wie ein Champignon auf einem feuchten Boden. Aber wenn man ständig damit beschäftigt ist, mit Problemen zu kämpfen, die aufgrund der Arbeit auftreten, dann hat man einfach die falsche Arbeit. Wenn man diese Menschen anspricht, warum sie den Arbeitsort nicht wechseln, haben sie ganz viele gute Gründe, warum es nicht anders geht. Glaubst du, dass die Menschen jemals glücklich in ihrem Job werden können? Nur wenn sie es sich selbst erlauben können. Sonst hilft auch eine andere Stelle nicht.

Wenn du dich nicht änderst, wird sich auch dein Job nicht ändern, egal wie oft du die Arbeitsstelle wechselst. Wenn du bei einer beruflichen Veränderung nicht genau hinterfragst, in welchem Maß du selbst Teil der Probleme bist, entkommst du den Problemen nicht. Schon nach kurzer Zeit wirst du die gleichen unangenehmen Situationen erleben. Wenn in jedem Betrieb Probleme mit einer bestimmten Art von Kollegen bestehen, wenn es immer zu wenig Geld gibt und wenn der Chef jedes Mal anstrengend ist, dann liegt das Problem nicht an der Arbeit. Das Problem liegt an bzw. in dir. Durch diese Wiederholungen denkt man irgendwann, dass man all das verdient hat und dass das eben zum Leben gehört. Man denkt, dass man es nicht wert ist, einen besseren Job auszuüben. Jeder Mensch kann sich nur in einem «besseren» Job wohlfühlen und diesen auch mit Lebensfreude genießen, wenn er seinen eigenen Selbstwert erhöht. Wir haben alle einen Wert, den wir uns selbst geben, und dieser zieht uns dann in einen bestimmten Beruf. Und dabei spielen die Abschlüsse keine große Rolle. Das zeigt auch die Geschichte mit meiner ehemaligen Kollegin im Restaurant: Wenn deine Einstellung und deine Glaubenssätze in die Richtung tendieren, keinen «besseren» Beruf auszuüben, dann wirst du auch nicht den Sprung nach oben schaffen. Du stehst dann weiterhin immer noch auf der gleichen Treppenstufe. Du hast dann nur einen Schritt zur Seite gemacht.

Das, was wir uns selbst erlauben, bringt uns nach vorne oder hält uns zurück. Nehmen wir an, du bist beispielsweise sehr begabt auf dem Gebiet «Design». Ganz egal, ob Innenraum-design, Logodesign oder Bühnenmalerei. Du befindest dich allerdings schon 15 Jahre in einem Job, bei dem es deine tag-tägliche Arbeit ist, Akten zu sortieren und Pläne zu erstellen. Dahinter steckt bei so vielen Frauen der Glaubenssatz: «Das mit dem Design ist kein vernünftiger Beruf», denn viele Menschen aus der älteren Generation, also unsere Eltern und Großeltern, verbinden mit dem Wort «Design»: «Das ist Spaß und keine Arbeit», was sie uns auch deutlich spüren lassen können oder verbal zum Ausdruck bringen. Arbeit, die zu viel Spaß macht, ist im Weltbild vieler Menschen kein «ordentlicher» Beruf. Ich erlebe Frauen, die mir mit 40 Jahren sagen, dass sie nicht das machen, was sie lieben. Sie haben es, ohne es zu hinterfragen, für andere getan, um gut genug zu sein. Bis es sich dann über so eine lange Zeit hinzieht und man einfach stumpf seine Tätig-keit ausführt. Das, was wir täglich tun, definiert uns.

Wir definieren uns oftmals durch unseren Beruf. Bei den meisten Menschen entwickelt sich der Beruf zur einzigen Rollendefinition ihres Lebens. Dies wird wiederum zu unserer Identität. Deswegen herrscht bei den meisten auch eine große Angst davor, ihren Beruf zu wechseln. Das würde im Umkehr-schluss nämlich bedeuten, dass man die Identität, mit der man schon vertraut ist, ablegen und eine neue kreieren müsste. Aber langfristig lohnt es sich, diese Angst zu überwinden. Im ersten Moment ist die Sorge, etwas zu tun, das die Eltern als «nicht vernünftig» betrachten, groß, doch das langfristige Glück, einen erfüllenden Beruf auszuüben, ist einfach unbezahlbar. Ich weiß, das kann am Anfang ziemlich herausfordernd sein, denn die neue Rolle können wir nicht immer gleich annehmen, es braucht Zeit, sich dieser zu nähern und ihr zu vertrauen.

Bevor wir zu der Arbeitsstelle oder dem Beruf wechseln können, der uns zu 100 Prozent entspricht, müssen wir volles Vertrauen gegenüber uns selbst haben. Wir müssen daran glauben, dass wir für das, was wir wollen, bereit sind. Wir müssen uns in genau dieser Rolle sehen können. Deswegen ist es zuerst wichtig zu definieren, was man wirklich will. Sollten Ängste oder Sorgen aufgrund dessen aufkommen, dann fühle da tiefer rein. Woher genau kommen die Bedenken? Ist das die Angst, weil dein Vater nicht wollen könnte, dass du diesen Beruf ausführst? Was möchte dir die Angst sagen? Wenn du dir noch nicht sicher bist, was du tun solltest und was dir Spaß macht, dann hast du noch nicht genug ausprobiert.

Stell dir vor, du würdest dein ganzes Leben lang nur eine Art von Hose tragen, wie würdest du dann wissen, dass dir auch andere Hosen stehen? Aber in einem Beruf zu bleiben, bei dem du nicht glücklich bist, belastet dich nur. Natürlich steigt bei vielen die Angst zu versagen. Denn was passiert, wenn du dem neuen Beruf nicht gewachsen bist? Wenn du doch alles aufs Spiel setzt und dann versagst. Wenn du vor den Augen aller fällst, nur weil du etwas, was funktioniert, aufgegeben hast. Ich möchte hier keine Motivationsrede halten, dass du alles im Leben schaffen kannst, was du dir vornimmst. Aber es ist die Wahrheit. Damals in der Schule waren meine Kenntnisse im Fach Deutsch eine einzige Katastrophe. In jedem Diktat schrieb ich eine 6. Meine Lehrer meinten zu mir, dass das Schreiben nicht meine Stärke sei. Doch ich habe sehr gern geschrieben und ein Traum mit Leidenschaft ist zu einem Beruf mit Leidenschaft geworden.

Deswegen rate ich dir: Verharre nicht in einem Beruf, der dir nicht guttut. Auch wenn genau dieser unbefriedigende Beruf im ersten Moment richtig erscheint. Wie schon gesagt: Meistens verlangen es indirekt die Eltern oder die Gesellschaft. Du bist es wert, den Beruf auszuüben, den du wirklich willst. Also nimm jetzt dein Telefon und ruf endlich bei deiner Wunscharbeitsstelle an. Wenn wir ganz genau hinschauen, sehen wir, dass es nichts zu verlieren gibt.

Deine Grenzen sind es wert

Lea steht gerade im Konferenzraum. Gedanklich bereitet sie sich auf ihre nächste Präsentation vor und genießt noch ihren Kaffee, bevor sie ihre Aufmerksamkeit wieder ganz ihren Kollegen widmet. Ohne dass sie etwas bemerkt, kommt Max, mit dem sie zusammen die Präsentation hält, von hinten an sie heran und legt den Arm um sie. Sie erstarrt innerlich. Während er ihr noch die Informationen mitteilt, die für die anstehende Präsentation wichtig sind, beginnt ihre Kopfhaut zu prickeln. Sie bringt keinen Ton heraus, denn die ganze Situation ist ihr absolut unangenehm und sie weiß nicht, wie sie damit umgehen soll. Der innere Drang in ihr, ihm ordentlich ihre Meinung zu sagen, wird immer stärker. Dennoch bringt sie letztlich den Mut nicht zusammen. Noch bevor sie das ganze Geschehen einordnen kann, ist es auch schon wieder vorbei. Ihr Kollege Max geht ein paar Schritte zur Seite und betrachtet sie. Er wartet auf eine Antwort. Mit einem leichten Krächzen bringt sie ein «Ja» heraus. Die Präsentation der beiden läuft dennoch sehr gut. Zu Hause kämpft Lea weiterhin mit ihren Gefühlen. Sie denkt ständig über die Situation im Konferenzraum nach. Ihr Gehirn spielt diesen einen Moment immer wieder durch und versucht, zu einem Ende zu kommen. Gedanken wie: «Ich hätte sagen sollen, dass es mir nicht passt», begleiten sie dabei.

Hätte sie wirklich etwas sagen sollen? Und wenn ja, was genau? Aber die viel wichtigere Frage ist: Wie hätte sie es bestmöglich ansprechen können? Wenn sie etwas gesagt hätte, wie wäre dann die weitere Situation verlaufen? Hätte Max dann weiterhin mit ihr gesprochen? Wäre er weiterhin so nett zu ihr gewesen? Eigentlich war das doch nicht so schlimm, denn es ist nur einmal passiert. Wahrscheinlich kommt das nicht mehr vor. Bevor wir all diese Fragen und Gedankengänge genauer anschauen, möchte ich noch einige Sätze zu ihrem Kollegen Max loswerden. Hier in diesem Beispiel hatte es ihr Kollege nicht böse oder attackierend gemeint. Er hat sich wahrscheinlich nur gedacht, dass Lea sehr aufgeregt wegen der Präsentation sein wird, und wollte ihr zeigen, dass er mental für sie da ist. Zu Hause wird er sich wahrscheinlich auf die Schulter geklopft haben, dass die Präsentation gut verlaufen ist, weil er für sie da war. Viele Männer merken gar nicht, dass sie eine Grenze überschritten haben. Es gibt auch einige, die sehr stark in die Intimzone der Frau eingreifen. In beiden Fällen ist es aber wichtig, Grenzen zu setzen.

Warum haben wir oft die Angst, Grenzen zu setzen? Eigentlich ist das oben aufgeführte Beispiel schon vielen Frauen auf die ein oder andere Art und Weise widerfahren. Der Aspekt «Arbeitsstelle» lässt das Ganze noch etwas komplizierter erscheinen, denn passiert uns das auf einer Veranstaltung, dann sind wir natürlich geneigter zu sagen, was uns nicht passt und wo unsere Grenze ist. Beruflich hingegen sehen wir den Menschen tagtäglich und wir wollen keine Atmosphäre schaffen, die ungemütlich werden könnte Vor allem ungemütlich für den anderen. Diese in unserer Wahrnehmung unangenehme Situation wollen wir so gut es geht vermeiden. Aus diesem Grund haben wir auch Angst, unsere Grenzen klar und deutlich zu kommunizieren. Wir geben ihnen nicht den Wert, den sie verdient hätten. Aber unsere Grenzen sind immer etwas wert, dessen dürfen, nein müssen, wir uns an dieser Stelle bewusst werden. Im Abschnitt «Du musst deiner Freundin nicht gefallen» hatten wir uns darüber unterhalten, was in der Vergangenheit passiert sein könnte. Dieser frühe Teil des Lebens kann ein Indiz dafür sein, warum wir uns nicht trauen, Grenzen zu setzen. Bei einem Mann, vor allem einem Arbeitskollegen, ist aber ein größeres Ausmaß an Gefühlen dabei. Denn der Mann ist, biologisch gesehen, das Geschlecht, vor dem wir Frauen eine große Angst verspüren.

In der Wildnis war der Mann eine der größten Gefahren für die Frau und viele unserer Instinkte basieren immer noch auf dieser Zeit. Somit kann die Kommunikation der eigenen Grenze gegenüber dem Mann etwas schwerer fallen. Das Schlimme ist, dass viele Frauen verheimlichen, dass etwas passiert ist. Sie wollen mit jemandem darüber sprechen, können es aber in den meisten Fällen nicht, weil sie Angst davor haben, von jemandem in ihrer Wahrnehmung verurteilt zu werden. Wenn ihnen jemand Ratschläge gibt, wie sie gehandelt hätten und wie man es besser hätte tun sollen, ist das nicht gerade aufbauend. «Ich hätte ihm ordentlich die Meinung gesagt», oder: «Bei mir hätte er sich nie wieder in meine Nähe getraut», sind typische Sätze, die man in solcherlei Situationen zu hören bekommt. Aber Ratschläge sind eben auch nur Schläge. Von diesen Sätzen fühlt man sich mental noch kleiner und so, als würde man seine Bedürfnisse und Wünsche nicht selbst regeln können. Solche Situationen belasten einen meist schon genug und man möchte nicht noch aufgezeigt bekommen, dass man dabei nicht richtig gehandelt hat. Deswegen gibt es viele Frauen, die sich niemandem öffnen. Aber dadurch entsteht ein Schmerz. Ein Schmerz, der sich immer weiter ausbreitet, solange man nicht mutig handelt. Ein Schmerz, der schon fast die Kontrolle übernehmen kann. Wir fühlen uns dadurch schwächer und wollen, so gut es geht, den Kontakt zu dem «Täter» vermeiden.

Was können wir dagegen tun? Flüchten oder uns verstecken, lässt uns den Kampf mit dem Gefühl verlieren. Das Beste ist, sich erst einmal die eigenen Grenzen klar und deutlich zu definieren. Natürlich kann man nicht auf alle Situationen, die unerwartet eintreffen, vorbereitet sein. Bleiben wir doch bei unserem Beispiel mit Max und Lea. Lea war es ziemlich unangenehm, als Max den Arm um sie gelegt hat. Das bedeutet, ihrem unangenehmen Gefühl sollte Lea vertrauen. Das Wichtigste hierbei ist aber, sich nicht komplett von dem Gefühl leiten zu lassen. Denn wenn Lea dadurch in die offensive Wut geht, kann das später wirklich für Unannehmlichkeiten sorgen. Wichtig ist zu extrahieren: Was möchte mir das Gefühl sagen und wie bringe ich das beim ersten Mal so rüber, dass es weder wie ein Angriff wirkt noch Max ihre Worte nicht ernst nimmt. Lea kann sagen: «Ich möchte das nicht», und dabei einige Schritte zur Seite gehen, damit sein Arm wieder aus der für Lea unangenehmen Zone verschwindet. Wichtig ist es hier, den Satz aufrichtig und ohne Gewissensbisse zu sagen, denn gehen wir von einem nicht allzu einfühlsamen Mann aus, könnte es passieren, dass er die Worte falsch deutet und als eine Art «Ja-Nein-Spiel» einstuft. Aus diesem Spiel herauszukommen, erfordert mental viel mehr

Arbeit, als es am Anfang direkt und klar zu kommunizieren. Ein «Nein» muss nicht aggressiv klingen. Dennoch gehört etwas Übung dazu, denn bestimmt sollte es trotz allem sein. Sollte dir das passieren, dann kommuniziere deinem Gegenüber klar und deutlich ein «Nein» und fühle dich in der Situation bewusst. Nimm diesen Moment als ein Erlebnis. Lade dich mit diesem Erlebnis immer wieder auf, wenn du das nächste Mal merkst, dass dir ein «Nein» schwerfällt. Glaube an dich, denn du bist es wert, klare Grenzen zu haben und zu setzen.

Du verdienst das Geld, das du denkst, wert zu sein

Mein Partner wollte damals einen Freiberufler für seine Projekte mit an Bord holen. Nach einiger Suche hatte er Kontakt zu einer jungen Frau. Sie machte ihm ein Angebot von 550 Euro für ihre Dienstleistung. Er hatte die Nachricht geöffnet und gelesen. Wir berieten uns während des Essens, inwieweit 550 Euro für diese Zeitersparnis ein guter Wert sind. Wir fanden die Summe fair. Als wir nach dem Essen bereit waren, ihr Angebot anzunehmen, wollte mein Partner zurückschreiben – und war mehr als nur überrascht. Die Freiberuflerin ist von ihrem ursprünglichen Preis von 550 Euro auf 350 Euro runtergegangen – ohne dass unsererseits ein Gegenangebot gemacht wurde. Mein Partner war trotzdem weiterhin dazu bereit, ihr das Geld für ihr erstes Angebot zu zahlen, denn schon der erste, höhere Preis war mehr als fair. Aber sie konnte für ihre Leistung nicht selbstbewusst diese Menge an Geld verlangen. Sie war mental nicht bereit, eine, in ihrer Wahrnehmung, hohe Summe anzunehmen. Ihre Leistung hatte in ihrer Welt nicht den Wert von 550 Euro.

Diese Denkweise gibt es nicht nur bei ihr. Es gibt viele freiberufliche oder selbstständige Frauen, die ihre Zeit wesentlich niedriger bewerten, als es zum Beispiel ein Mann tun würde. Auch Frauen, die angestellt sind, sind von diesem Problem betroffen. Die eigene Leistung wird einfach als weniger wertig angesehen. Stell dir vor, eine Führungskraft gibt eine Aufgabe sowohl einem Mann als auch einer Frau. Beide haben sich mit der

Aufgabe im Vorfeld nicht auseinandergesetzt. Die erste Reaktion eines Mannes ist vermutlich ein positiv überzeugter Gedanke, wie: «Ja, das kann ich.» Er geht einfach davon aus, dass ihm während der Aufgabe schon einfällt, wie er das lösen wird. Ob die Prognose des Mannes auch so eintreffen wird, wissen wir nicht. Die Frau hingegen wird eher folgendermaßen reagieren: «Ich habe das noch nie gemacht, ich versuche es aber.» Auch wenn die Frau hier die eigenen Fähigkeiten realistischer eingeschätzt hat – in den meisten Fällen bekommt der Mann schlussendlich die Aufgabe übertragen. Mit der Aufgabe kommt allerdings auch die Chance, einen positiven Eindruck zu hinterlassen. Hätte in dieser Geschichte die Frau ein besseres Resultat erzielt? Das werden wir nie erfahren, denn sie wird nie die Chance bekommen, sich zu beweisen. Dieses Problem schlägt sich auch im Gehalt nieder. Nehmen wir an, ein Mann und eine Frau bekommen den gleichen Job und erst mal das gleiche Gehalt angeboten. Was kann nun passieren? In einigen Fällen wird der Mann bei seinem Gehalt noch nachverhandeln, während die meisten Frauen sich mit dem zufriedengeben, was sie bekommen.[6] Wir Frauen können da einige Denkweisen vom Mann übernehmen. Denn der Mann nimmt in vielen Fällen nicht das hin, was ihm gegeben wird. Es ist aber ziemlich interessant, warum wir uns hier so verhalten. Es liegt nicht an unseren Qualifikationen, sondern an Überzeugungen, Glaubenssätzen, inneren Blockaden, dem Selbstwertgefühl und unserem Selbstvertrauen, wie hoch unser Gehalt am Ende ist.

Eine ganze Menge Überzeugungen und Programme dürfen wir ablegen, denn auch wenn wir im Außen vorgeben, dass wir nicht mehr an Geld brauchen – wir ärgern uns am Ende doch, dass wir so «ungerecht» behandelt werden. Wir werden aber nur ungerecht behandelt, wenn wir das auch mit uns machen lassen. Viele Frauen akzeptieren dabei das niedrigere Gehalt für die gleiche Arbeit. Wenn sie die eigene Arbeit und die eigene Person nicht als so wertvoll einschätzen, wie sie sind, ist es wohl in Ordnung, weniger zu verdienen. Noch schlimmer, das Interesse, den eigenen Wert zu steigern, wird immer kleiner. Denn durch den geringeren Lohn bekommt man eine Art «sichere Zone» gegeben. Wenn man schon weniger bekommt, muss man auch nicht immer 100 Prozent geben. Es ist dann ja gar nicht allzu schlimm, wenn man einen Fehler begeht. Doch diese Art von «Freifahrtschein» ist nicht echt. Der Arbeitgeber wird sich dabei nicht denken: «Ach, jetzt hat sie die falschen Blätter kopiert. Das macht aber nichts, denn ich zahle ihr sowieso weniger Gehalt.» So denkt keine Führungskraft. Wenn du einen bestimmten Beruf ausübst, wird selbstverständlich erwartet, dass du es auch richtig machst. So viele Frauen ändern nichts an ihrer beruflichen Situation, weil sie glauben, kein höheres Gehalt verdient zu haben. Das Geld ist hier aber nur ein Stellvertreter dessen, was wir von uns halten. Der Wert, den wir als Mensch haben, ist der, den wir uns geben.

Du kennst dich besser als ich. Du weißt, wie hoch dein Gehalt momentan ist. Wenn du der Meinung bist, dass dein Gehalt für deine Leistung nicht angebracht ist, dann unternimm etwas dagegen. Ich weiß, viele werden sich jetzt denken: «Es ist doch alles gut, wie es ist.» Aber erinnere dich mal zurück, wie oft es dich wirklich gestört hat. Denn meistens stempeln wir Sachen viel zu voreilig mit einem «Es ist alles gut» ab. Letztendlich nur, um eine von der Gesellschaft anerkannte Entschuldigung zu haben, uns nicht darum kümmern zu müssen. Es ist einfach so leicht zu sagen, dass mehr nicht möglich ist. Frage nach einer Gehaltserhöhung – nicht für das Geld, sondern für dich. Du fühlst dich als Mensch anerkannter, akzeptierter und vor allem steigt dein Selbstwertgefühl an. Weißt du, was du für ein Selbstbewusstsein in dir trägst, wenn du für die gleiche Leistung noch mehr an Lohn bekommen würdest?

Bevor du aber zu deinem Arbeitgeber gehst und um eine Lohnerhöhung verhandelst, ist es natürlich wichtig zu wissen, welche Karten du auf den Tisch legen kannst. Gestehe dir also unbedingt zuerst ein, dass du deine Arbeit wirklich ausgezeichnet verrichtest. Und das tust du, denn du bist eine Frau. Bring in Erfahrung, worauf es in deinem Unternehmen wirklich ankommt. Mehr Arbeit ist nicht der Weg für mehr Gehalt. Mehr Wert im Unternehmen einbringen ist da die bessere Idee. Was sind die Dinge, mit denen du den höchsten Mehrwert bietest? Wie würdest du dafür sorgen, dass es deinem Vorgesetzten unangenehm ist, wenn du das Unternehmen verlässt? Erhöhe mit diesen Fragen deinen Wert im Unternehmen. Mach dich unersetzlich. Klar, es gibt viele andere Menschen, die deinen Job auch machen könnten. Suche deswegen danach, welche «außergewöhnliche» Arbeit du noch leistest. Ist es zum Beispiel, dass du bei jedem Kunden noch einmal anrufst und nachfragst, ob diese mit der Dienstleistung zufrieden waren? Bietest du den Lieferanten immer einen Kaffee an oder erklärst du deinen Patienten bis ins kleinste Detail, was noch gemacht werden muss? Diese «kleinen» Dinge machen dich unersetzlich. Für diese Leistungen bist du es wert, mehr Geld zu verdienen.

Deine Kollegen behandeln dich so, wie du bist

Als Jessica sich schon zum fünften Mal bei einer Bank bewirbt, ist sie etwas erschöpft. Denn dieses ständige Hin- und Herwechseln ihres Jobs fällt ihr mental sehr schwer. Sie würde gern einmal länger als ein Jahr bei ein und demselben Unternehmen tätig sein. Sie trifft aber immer wieder auf Kollegen, die sie unfreundlich behandeln. Die Kollegen ziehen sie entweder auf, ignorieren sie oder sind nicht zur Hilfe, wenn Jessica sie braucht. Jessica möchte unbedingt mit Menschen zusammenarbeiten, die freundlich und hilfsbereit sind. Das hat sie leider bis jetzt nicht gefunden und wechselt aus diesem Grund oftmals ihre Arbeitsstelle.

Sicherlich, es gibt Menschen, die überwiegend unfreundlich sind. Das Problem trägt hier aber Jessica ganz allein, denn wenn sie schon das fünfte Mal ihre Arbeitsstelle wechselt, hat das mit den Kollegen wenig zu tun. Die einzige Konstante in dieser Geschichte ist Jessica und bevor sie sich nicht ändert, wird sich auch nichts an ihrer unsteten Arbeitssituation ändern. Das bedeutet, dass Jessica möglicherweise den Glaubenssatz in sich trägt: «Ich bin es nicht wert, gut behandelt zu werden.» Ein anderer vorstellbarer Glaubenssatz ist: «Die Menschen sind schlecht zu mir.» Mit dieser Auffassung ihrer selbst geht sie durch den Alltag. Es ist nur allzu verständlich, dass sie von ihren Kollegen minderwertig behandelt wird, wenn sie diese innere Opferrolle ausstrahlt. Auch wenn das wirklich hart klingt:

Glück und Pech spielen in den wenigsten Fällen eine Rolle. Es ist immer die Sichtweise, die man gegenüber der Welt hat. Wenn Jessica auf diesem Gebiet ein «Opfer» ist, zieht sie automatisch einen «Täter» an. Das ist es, was ein «Opfer» braucht. Und jeder «Täter» braucht ein Opfer». Beide können nicht ohne den jeweils anderen funktionieren. Man ist nicht «erlöst», wenn der Täter weg ist, es kommt lediglich jemand Neues, der die Rolle erneut besetzt. Man ist erst «erlöst», wenn man die Rolle des «Opfers» ablegt. Wenn man kein Opfer mehr ist, dann ist man auch nicht mehr auffällig für einen Täter. Damit meine ich nicht, dass du die Verantwortung für den Täter übernehmen solltest. Viele denken sich: «Ich muss nur freundlich genug sein, dann wird sich der andere schon ändern.» Das funktioniert aber in der Realität nicht. Wir dürfen niemals davon ausgehen, dass sich der andere ändern wird. Warum versuchen wir das dennoch? Genau wie innerhalb einer schlechten Beziehung denken wir oft folgendermaßen: «Er wird sich ändern. Es wird schon wieder alles gut. Er hatte nur einen schlechten Tag.» Wenn wir für das Verhalten anderer mental die Schuld übernehmen, dann gibt es uns Kontrolle über eine Situation. Wir sind dann der Annahme, dass wir das Verhalten des anderen im Griff hätten. Haben wir aber nie. Wir dürfen nicht bei jeder Unfreundlichkeit des Gegenübers die Schuld übernehmen. Das führt uns zum nächsten Punkt.

Es gibt Menschen, die nur in unserer Wahrnehmung unfreundlich sind. Die Ignoranz der Kollegin kann für die eine als ein: «Oh, sie hat aber einen schlechten Tag», und von der anderen als ein: «Was habe ich jetzt falsch gemacht?», gewertet werden. Dabei spielen die echten Gefühle der Kollegin keine

Rolle. Um bei dem Beispiel mit Jessica zu bleiben: Wenn sie ihren Fokus nur danach ausrichtet, dass sie etwas falsch macht, dann muss es für sie so passieren, dass die Kollegen unfreundlich sind. Dadurch erhält Jessicas Unterbewusstsein seine Bestätigung, dass die anderen wirklich gemein zu ihr sind. Warum handelt man so? Obwohl es offensichtlich ist, dass es sich um eine dauerhafte passive Quelle an Stress und Ärger handelt. Genau das kann schon ein Grund sein: Wenn man denkt, dass man diesen passiven Stress und Ärger verdient hat, dann wird man auch danach suchen – und man wird fündig. Ein «Vorteil» kann natürlich sein, dass man dadurch regelmäßig von der besten Freundin oder vom Partner getröstet wird. Wenn das Gehirn keine andere «Taktik» kennt, um Aufmerksamkeit und Liebe zu erhalten, wird es auch diesen Weg gehen. Allerdings gibt es dabei ein großes Problem: Wenn man ständig im «Opfer-Modus» ist und diesen auch bewusst spielt, wird man selbst irgendwann zum Täter.

Wenn du also in irgendeiner Situation immer wieder von unfreundlichen Menschen umgeben bist, weißt du nun warum. Du bist in diesem Fall die Konstante. Ändere dein Bild von den Menschen und deine Glaubenssätze und die Menschen in deinem Leben werden sich scheinbar auch ändern. Wenn du dir erst einmal selbst erlaubst, dass du mit netten und freundlichen Kollegen deine Zeit verbringen darfst, wird sich schon viel ändern. Lege die Brille ab, die dafür verantwortlich ist, dass du andere Menschen mit einem «negativen» Filter siehst. Denn andere Menschen verhalten sich in den meisten Momenten dir gegenüber nur so, wie du sie siehst.

«Ich bin eine gute Frau»

D as ist deine Definition von einer «guten Frau»? Lass uns dieses Kapitel mit einer kleinen Übung starten. Vervollständige diese Sätze einfach, ohne dir länger Gedanken darüber zu machen. Das, was dir als Erstes in den Sinn kommt, ist auch mit einer hohen Wahrscheinlichkeit das, wie du über dich denkst.

Ich bin eine gute Frau, wenn ich ...
Meine Mutter ist eine gute Frau, wenn sie ...
Mein Vater denkt, eine gute Frau ist ...

Jede hat ihre eigene Definition, was sie mit «einer guten Frau» assoziiert. Wir wollen alle «gut» sein. Aber müssen wir wirklich etwas tun, um gut zu sein? Für die eine ist es relevant, einen für sie passenden Beruf auszuüben. Für die andere ist es essenziell, wenn sie sich um ihre Familie kümmert. Ganz egal, was es ist, es sind immer Bedingungen daran geknüpft. Das ist auch nicht schlimm. Es wird nur dann belastend, wenn diese Bedingungen uns selbst nicht mehr an unserem eigenen Leben teilhaben lassen. Dabei entscheidet es jede selbst, ob es so ist oder nicht. Denn kein Externer vergibt den Stempel: «Du bist eine gute Frau, wenn du diese Aufgaben erfüllst.» Wir können diese Rolle in der Vergangenheit bekommen haben. Wenn wir ständig unsere Mutter dabei beobachtet haben, welche Aufgaben sie zu Hause erfüllt oder wie ihr Verhalten draußen in der Gesellschaft ist. Vielleicht auch, wie sie sich gegenüber dem Partner verhalten hat. Diese Verhaltensweisen der Mutter haben uns selbstverständlich geprägt, denn Kinder lernen durch Nachahmung. Dennoch liegt es heutzutage in unserer Verantwortung, so zu sein, wie wir es wirklich wollen. Was wir über uns selbst denken, das strahlen wir auch nach außen aus. Viele haben eine enorm lange Liste von Dingen, die sie abhaken müssen, um sich als eine «gute Frau» fühlen zu können. Nur wenn sie nach diesen Normen und Erwartungen leben, fühlen sie sich angesehen und vollständig. Ich bin nur gut genug, wenn es meinem Mann gut geht, wenn es im Haushalt sauber ist, meine Haare und Nägel gemacht sind und ich noch eine produktive Tätigkeit am Tag erledigt habe. Das klingt möglicherweise für die eine oder andere Frau unvorstellbar. Es gibt aber auch einige Frauen, die zum Beispiel sich nur dann als «gut» erachten, wenn sie bei Diskussionen nicht ihre Meinung mit den anderen teilen. Sie haben einfach Angst davor, für ihre Meinung angegriffen und damit konfrontiert zu werden. Was auch immer diese Erwartung ist, sie hat keine echte Auswirkung auf uns. Solange bis wir dadurch regelrecht begraben werden und keinen Ausweg mehr sehen, weil unsere selbst gestellten Erwartungen nicht mehr erfüllbar sind. Und genau das ist das Problem. Wir haben uns mit: «Ich bin gut, wenn ich …», ein Bild kreiert, bei dem wir nicht fähig sind, es ewig zu halten. Genau das sollten wir uns zuerst bewusst machen. Wir haben uns selbst dieses Bild in unserem Kopf kreiert und nur wir haben die Macht, es zu ändern. Gemeinsam gehen wir in diesem Kapitel auf eine Reise zu den Glaubenssätzen und Überzeugungen, die unsere Freiheit einschränken, ohne dass wir es merken.

«Ich muss perfekt sein»

Ich möchte dich mit in eine Situation nehmen. Es ist dir bestimmt schon einmal selbst widerfahren. Entweder hast du es bei deiner Freundin bemerkt oder du fühlst dich selbst in dieser Geschichte angesprochen.

Ich wurde vor längerer Zeit von meiner Freundin zum Essen eingeladen. Ich war schon ziemlich oft bei ihr, aber an diesem Tag merkte ich etwas, das mich zum Schmunzeln gebracht hat. Mir ist eine Allüre aufgefallen, die wir beide teilten. Wir saßen gemeinsam am Esstisch. Ich gegenüber von ihr. Sie nahm einige Löffel von ihrer Suppe und rutschte dabei mit ihrem Ellbogen an der Tischdecke entlang nach vorne. Dabei rückte ein kleiner Teil der Tischdecke nach hinten und ragte somit über den Tisch. Sie merkte dies und wollte die Decke wieder zurück an ihre alte Stelle schieben. Dabei zog sie nicht einfach kurz an der Decke, wie es viele tun würden. Nein, sie richtete für diese Aktion ihren Kopf parallel zum Tisch, um exakt «abzumessen», ob die Kanten der Decke genau 1 cm vom Rand des Tisches entfernt sind. Ich musste kurz auflachen. Die Situation war mir so vertraut. Denn was die Ordnung zu Hause angeht, hatte ich dieselben Eigenschaften wie sie. Es ist nicht nur die Tischdecke. Vasen dürfen nur in einem bestimmten Winkel im Regal stehen, der Seifenbecher muss immer sauber sein und die sauberen T-Shirts dürfen nur nach einem bestimmten Prinzip zusammengelegt werden.

Das hört sich sicherlich lustig an und das ist es auch bis zu einem gewissen Punkt irgendwie. So lange, bis durch die selbst gestellten Bedingungen das Gefühl aufkommt, das einem «Oh nein, nicht schon wieder» gleicht. Das ist dann ein durchaus belastender Moment, denn die Steine, die wir uns durch unsere eigene Definition von «richtig» selbst in den Weg gelegt haben, müssen wir jetzt aufheben. Der Perfektionismus, den wir entwickelt haben, ist ein «Schutzprogramm». Wir haben ihn uns selbst erschaffen, um uns nicht mehr angreifbar zu machen. Uns ist rational betrachtet bewusst, dass keiner mit einem Lineal in unsere Wohnung kommen wird. Trotzdem ist da diese Angst, nicht perfekt abzuliefern.

Lass uns das Ganze mit einem anderen Beispiel betrachten. Es geht um denselben Drang nach Perfektion. Dieses Mal wird das Bedürfnis aber auf eine andere Person projiziert. Eine Mutter, die möchte, dass ihre Tochter zum Beispiel nur Einser- oder Zweiernoten mit nach Hause bringt. Dabei geht es ihr gar nicht primär darum, dass es der Tochter gut geht. Der stärkere Antrieb ist, vor sich selbst und der Gesellschaft als eine perfekte Mutter dazustehen. Was würden die Menschen nur sagen, wenn ihre Tochter ständig schlechte Noten mit nach Hause bringt? Was würden sich die Lehrer und die anderen Eltern denken? So kann man nicht dastehen. Deswegen werden Maßnahmen ergriffen, um sich selbst in einer Rolle als perfekte Mutter zu sehen.

Ein Leben wie in den beiden Beispielen ist für einen selbst langfristig nicht angenehm. Auch für die Liebsten wird das sehr schnell sehr belastend. Oder um es mit anderen Worten zu sagen: Es liegt schlussendlich bei allen Parteien ein Minderwertigkeitsgefühl vor. Man selbst fühlt sich minderwertiger, wenn man nicht seinem eigenen «Standard» entspricht. Es wird also eine hohe Erwartungshaltung gegenüber sich selbst aufgebaut. Hinzu kommt, dass man auch noch die eigene Leistung vor anderen immer ein Stück weit herunterspielt. Sich selbst kritisieren tut eben weniger weh, als die gedachten Fehler von anderen gesagt zu bekommen. Das dient uns als Schutzschild, falls doch vom Gegenüber Kritik kommt, denn wir glauben unterbewusst, dass es in deren Welt kein Feedback gibt, sondern nur Angriffe. Man bewertet die Dinge, die einem gesagt werden, mit dieser Einstellung dann eher als «negativ».

Die «Perfektion» ist ein kritisches Thema. Denn mit «gut» assoziiert jeder etwas anderes. Für meinen Partner sieht das zusammengelegte T-Shirt zum Beispiel schon gut aus, wenn er es zweimal schnell gefaltet hat, während ich beim Zusammenlegen die aus dem fernen Osten stammende, zertifizierte Technik der schamanischen Kunstfaltung nutze. Aber wenn es darum geht, etwas «perfekt» zu machen, haben viele Frauen ähnliche Ticks. Das Problem ist, dass dieser «Perfektionismus-Wahn» uns enorm viel Energie im Leben kostet. Man erzieht sich auch ein Stückchen weit selbst, seine Erwartungen auf ungesunde Art höher zu schrauben, denn wenn wir für eine Aufgabe Lohn und Anerkennung bekommen, freuen wir uns. Das Gehirn merkt, dass wir geliebt werden, immerhin bringen wir offensichtlich etwas zustande, das über den Erwartungen der anderen liegt. Um immer wieder diese «Liebe» der anderen zu erhalten, glaubt man auch, dass man immer mehr leisten muss. Die Programmierung im Kindesalter «Ohne Fleiß kein Preis» macht das Ganze zudem nicht angenehmer. Wenn man sich nicht angestrengt und mit

Blut, Schweiß und Tränen dafür gekämpft hat, dann hat man auch das Lob nicht verdient. Man sollte erst leiden, denn wenn es einfach ist und beim ersten Mal gelingt, dann ist es nichts wert.

Was können wir tun, um aus diesem Rad des ständigen negativen Verbesserungsdranges auszusteigen? Die größte Angst für jemanden mit einem Perfektionismus-Drang ist, für etwas kritisiert zu werden. Dabei haben wir schon herausgefunden, dass das, was für die einen als Feedback gilt, in der Welt der anderen als Kritik angesehen wird. Um das zu umgehen, ist es wichtig, sich unabhängig von der eigenen Leistung zu betrachten. Es spielt keine Rolle, ob die andere Person die Sache oder dich als Person kritisiert. Mach dir immer wieder bewusst, dass ein Fehler nichts Schlimmes ist. Fehler sind wichtig. Ohne Fehler können wir nicht wachsen und uns nicht weiterentwickeln. Du bist es wert, Fehler zu machen.

«Ich gehe keine Konflikte an»

Während Luisa ihren Kaffee auf der Terrasse genießt, hört sie hinten im Haus die Tür zufallen. Ihr Partner Alex ist von seinem Termin, den er beim Finanzamt hatte, zurück. Kurze Zeit später hört sie Flüche und die Schranktüren laut zuknallen. Noch bevor sie aufsteht, um nachzusehen, was da gerade vor sich geht, steht Alex auch schon neben ihr. Er ist ziemlich aufgebracht. «Ich muss so viel an Steuern nachzahlen», ruft er verärgert in den Raum hinein. «Ich weiß nicht, wie ich das alles bezahlen soll», sagt er in einem fast schon quälenden Ton. Luisa ist sich nicht sicher, wie sie mit der Situation umgehen soll. Sie ist ziemlich gestresst davon, denn sie wusste, dass sich das Finanzamt noch einmal melden wird, und Alex wusste das eigentlich auch. «Hör mal, das ist doch keine so hohe Summe. Wir können das ohne großen Stress bezahlen.» Alex ist trotz guten Zuredens in seinen Gefühlen gefangen und Luisa überfordert. Sie weiß nicht, wie sie ihn am besten beruhigen und eine gute Unterhaltung führen soll. Sie will ihm lediglich verständlich machen, dass das Problem gar nicht so groß ist, wie er glaubt. Ihr ist die ganze Situation zu viel und sie möchte sich darum auch gar nicht kümmern.

Natürlich verstehen wir Luisa. Alex hätte einfach mehr Verantwortung übernehmen sollen, dann wäre er jetzt in dieser Situation besser vorbereitet und nicht so gestresst. Das, was aber für Luisa wirklich in solch einer Situation zu einem Problem führt, ist, dass sie sich aus der Sache heraushält. Spulen wir die Geschichte doch etwas weiter. Alex zahlt die noch offene Steuer ab. Gehen wir in diesem Fall davon aus, dass Luisa nicht so viel wie Alex verdient. Luisa geht, wie auch diesen Monat, davon aus, dass weiterhin alle laufenden Kosten bezahlt werden. Doch in dem Monat, in dem sie noch zusätzliche Steuer nachzahlen müssen, können nicht alle Kosten von Alex gedeckt werden. Jetzt muss auch Luisa von ihrem Geld noch mehr als gedacht dazuzahlen. Das bringt ihre Geldplanung erheblich durcheinander. Die ganze Sache hat also auch Auswirkungen auf sie. Ein klärendes Gespräch, ein gemeinsamer Plan oder eine scharfe Rüge für Alex wären in dieser Situation mögliche Maßnahmen. Aber nichts davon will Luisa machen. Sie hat nicht einmal Lust, ihm zu sagen, dass es auch in ihren Finanzplan eingreifen wird. Sie will das Thema nicht näher behandeln. In diesem Beispiel waren es keine schlimmen Folgen für Luisa. Viele aufkommende Probleme haben aber auch das Potenzial, wesentlich schlimmere Folgen zu verursachen. Wenn wir uns vor einer Reiberei verschließen, verschließen wir uns auch vor der damit einhergehenden möglichen Verantwortung. Sich aus Konflikten oder Auseinandersetzungen herauszunehmen, bringt langfristig keinen Vorteil. Menschen, die sich vor allen möglichen Konflikten und Streitereien drücken, leugnen vor sich selbst, dass es Probleme gibt. Dadurch nehmen sie sich das Wachstums- oder Lernpotenzial.

Ob Alex will oder nicht, er kann mit Luisa nicht weiter über dieses Thema sprechen. Wenn er versucht, mit ihr sprechdenkend das Problem zu verarbeiten oder mit ihr gemeinsam eine Lösung auszuarbeiten, wird er keinen Erfolg haben. In beiden Fällen wird Luisa mit ihm das Gespräch blockieren oder wütend werden und Kante zeigen, denn Luisa geht immer wieder davon aus, dass Alex sie in einen Konflikt miteinbeziehen will. Einen Konflikt, der aber gar nicht entstehen kann, weil Luisa ihn schon in seiner Entstehung blockiert. Denn das, was sie am meisten fürchtet, ist, Verantwortung für jemanden zu übernehmen. Deswegen hält sie sich davon fern. Wie so oft liegt eine mögliche Ursache für dieses Vermeidungsverhalten in der Vergangenheit. Das kann passieren, wenn ein junges Mädchen zu viel Verantwortung für die Eltern übernehmen musste. Wenn sich zum Beispiel die Mutter nicht richtig um das Kind kümmern konnte, findet ein Rollentausch statt. Dann wird plötzlich das Kind mental zur Mutter, während die Mutter die Rolle des Kindes einnimmt. Denn die Tochter kann es nicht ertragen, die Mutter so hilflos zu sehen. Deswegen fängt sie an, sich um die Mutter zu kümmern. Diese Verantwortung in so jungen Jahren ist eine enorme Belastung für das Kind. Dadurch entsteht im Kind ein Gefühl der Wut. Zum einen, weil es seine Freiheit aufgeben und zum anderen die eigenen Bedürfnisse zurückstecken muss. Wenn das Kind erwachsen ist, bekommt es sofort eine Woge aus Angst und Wut, wenn jemand scheinbar keine Verantwortung für eine Sache übernehmen kann. Eine weitere mögliche Situation, aus welcher ein solches späteres Verhalten hervorgehen kann, ist, dass die Eltern jedes Mal mit dem Kind geschimpft haben, wenn es sich eingemischt hat. Somit haben sie es so erzogen, dass sie nur positive Gefühle gegenüber dem Kind zeigen, wenn es sich aus Konflikten heraushält. Dieses «Überangepasstsein» ist bei Frauen sehr verbreitet. Es führt zu einer dauerhaft wahrgenommenen Verantwortung, denn überangepasste Menschen achten dauerhaft darauf, wo Konflikte sein könnten, um diese zu umgehen.

Konflikte sind nichts Negatives. Sie helfen uns, etwas zu erkennen, an dem wir noch wachsen dürfen. Wenn wir uns aus einem Konflikt heraushalten, dann halten wir uns somit aus der Verantwortung heraus. Wir sollten aber immer für unseren Teil die Verantwortung übernehmen, denn die hilft uns, weitere Probleme zu vermeiden.

«Ich muss alles unter Kontrolle haben»

Als Lisa acht Jahre alt war, hat ihr Vater sie verlassen. Er ist einfach gegangen. Ohne irgendwelche Worte oder einen Erklärungsversuch hat er sich aus ihrem Leben zurückgezogen. Mittlerweile ist Lisa erwachsen und hatte auch schon eine Beziehung, bei der sie ebenfalls von ihrem jetzigen Ex-Mann verlassen wurde. Er ist ihr sogar ein halbes Jahr fremdgegangen und hatte sich schon lange vor der Trennung emotional von ihr distanziert. Sie hatte keinen Verdacht gehegt, hat sich ihm weiterhin anvertraut und dachte, es wäre nur eine etwas «abweisende» Phase, die bald vorübergeht. Als sie dann später herausfand, dass er sie betrügt, war sie sehr stark gekränkt. Das Problem war auch noch, dass er weiterhin log, obwohl sie ihn mit Beweisen zur Rede stellte. Er machte auch später keine Anstalten, sich zu entschuldigen, und verließ sie einfach ohne noch einmal das Gespräch gesucht zu haben. Zwei Jahre nach der Scheidung lernte sie einen neuen Mann kennen. Beide möchten jetzt zusammenziehen. Tim, ihr neuer Freund, ist nett und behandelt sie gut. Er ist immer für sie da und Lisa steht bei ihm immer an erster Stelle. Doch bei Tim hat Lisa angefangen, ständig in seinem Handy zu wühlen. Sie hat permanent Angst, dass er ihr fremdgeht oder sie verlässt. Mental hat sie einen hohen Zaun errichtet, damit er nicht ausbrechen kann. Die damit verbundenen Schmerzen will Lisa einfach nicht noch einmal erleben. Um das zu vermeiden, kontrolliert sie Tim die ganze Zeit. Als der Vater von Lisa gegangen ist, hat er sie mit einem Informationsdefizit zurückgelassen. Auch wenn der Vater im Guten gegangen wäre, wüsste Lisa das nicht einmal. Ihr Selbstwert ist dadurch stark beschädigt worden, denn sie ist es ja scheinbar nicht mal wert, die Wahrheit von ihm zu erfahren. Mit dem Glaubenssatz: «Ich bin es nicht wert, dass Menschen bei mir bleiben», durchlebte sie ihre erste Beziehung. Das bedeutet, dass sie diese Art von Mann förmlich angezogen hat. Ein Mann, der nicht fähig ist, sich Problemen zu stellen, und den die Gefühle anderer Menschen nicht interessieren. Tim hingegen ist ganz anders. Er hat Lisa schon am Anfang der Beziehung anders behandelt. Sie findet in ihm alles, was sie will. Dennoch ist in ihr die Angst groß, dass Tim sie verlassen könnte.

Um dich noch besser einfühlen zu können, möchte ich mit dir in ein anderes Geschehen eintauchen. Martas Kind Ella ist inzwischen 12 Jahre alt und geht auf das Gymnasium. Ella ist gut in der Schule und bekommt fast nur die Einser. Sie ist zudem in der Theatergruppe und nimmt regelmäßig an Debattier-Wettbewerben teil. Ella gibt alles, um gute Resultate in der Schule zu erbringen. Zu Hause hingegen ist sie das genaue Gegenteil. Die Mutter erledigt alle anfallenden Hausarbeiten für sie. Vom Abwasch bis hin zum Müll rausbringen – alles wird erledigt. Sogar alle Mahlzeiten werden für Ella vorbereitet. Sie soll sich um nichts im Haushalt kümmern. Nur lernen und aktiv am Unterrichtsgeschehen teilnehmen gehören zu ihren Aufgaben. Nach Martas Einstellung ist das richtig so. Sie macht das aus Liebe zum Kind, denn sie empfindet die Hausarbeit als absolut unwichtig für das spätere Leben. Ein Arbeitsplatz, der Ella langfristig gesehen ein stabiles Einkommen bringt, sieht sie hoch an.

Denn sie hatte damals nicht diesen Luxus und möchte ihn deswegen ihrer Tochter bieten können. Sie will, dass ihre Tochter das erreicht, was sie nicht erreicht hat, und möchte damit ihre Geschichte positiv abschließen. Sie will ihrer Tochter das ermöglichen, was ihr verwehrt blieb. Dennoch übernimmt sie für einen Bereich, der ihr nicht gehört, das Ruder. Denn wie auch in der ersten Geschichte wird dadurch in die Verantwortung und in das Leben einer anderen Person eingegriffen.

Alle Fäden in der Hand halten zu wollen, belastet auf Dauer alle Beteiligten. Weil man anfängt, für Dinge Verantwortung zu übernehmen, die außerhalb des eigenen «Verantwortungskreises» liegen. Diese Frauen erkennt man auch daran, dass sie von ihrem Mann erwarten, dass er gute Laune haben soll, wenn ihre Eltern zu Besuch kommen. Wir verstehen diese Frauen. Der Partner soll einen guten Eindruck hinterlassen. Schlimm wäre es, wenn die Eltern ihr einen scheinbar verächtlichen Blick zuwerfen, welcher in ihren Augen: «Was hast du da mit dem armen Jungen gemacht?», bedeutet. Dann fühlt sie sich schon wieder angegriffen. Denn sie will eigentlich nicht für die anderen Verantwortung übernehmen. Außerdem möchte sie auch ihre Mutter nicht enttäuschen. Das Ziel ist es also, einen Bogen um dieses ganze Theater zu machen. Ihr Wunsch ist also nachvollziehbar. Dennoch ist die Stimmung eines anderen Menschen nicht planbar und sollte jedem selbst überlassen bleiben.

Das Problem kann wieder an den Denkmustern liegen, die uns in der Vergangenheit beigebracht wurden. Die meisten Frauen, die diese Angewohnheit haben, sind die Erstgeborenen. Du, die ältere Schwester, und dein Geschwisterchen spielen zusammen. Wer bekommt denn von euch beiden den Ärger, wenn etwas kaputtgemacht wird oder ihr zu spät nach Hause kommt? In einigen Haushalten hat sogar die Ältere Schwierigkeiten bekommen, wenn die Jüngere verletzt war. Die Ältere hat also für etwas Verantwortung übertragen bekommen, dass sie de facto gar nicht überwachen und verantworten kann. Sie kann nicht die ganze Zeit bei der Kleinen sein und bei jedem Schritt aufpassen, dass sie nicht hinfällt. So entwickelt sie in sich zum einen Wut auf das Geschwisterchen und auf der anderen Seite baut man einen Kontrollzwang auf. Entweder wird der Kleinen viel verboten, oder man wird ständig schimpfen, wenn sie nicht hört. Das Übernehmen der Verantwortung für andere kann aber auch aufkommen, wenn man kein kleines Geschwisterchen hat. Das kann beispielsweise passieren, wenn die Tochter die Verantwortung für die Mutter übernehmen muss. Damit zwingt man dann später als Erwachsener die Mitmenschen in eine Art Kasten und nur in diesem dürfen sie sich frei bewegen. Dieser Kasten wird mit der Zeit immer kleiner, weil die eigenen Ängste wachsen.

Das Problem wird auch noch dadurch ergänzt, dass nicht nur in der Realität über bestimmte Situationen Kontrolle übernommen wird. Es werden außerdem nicht existente Probleme vor dem geistigen Auge abgespielt. Es könnte durchaus dazu kommen, dass Tim Lisa verlässt. Deswegen muss sie schon vorher Entscheidungen treffen. Es könnte passieren, dass Ella eine schlechte Note nach Hause bringt. Diese Menschen sehen ein Problem, das so noch nicht aufgetreten ist. Aber es werden schon präventiv Maßnahmen ergriffen. Damit meine ich nicht, dass kalkulatorisch gesund in die Zukunft geplant wird. Hier geht es um eine Planung aufgrund der Angst, nicht mehr alles unter Kontrolle zu haben. Dabei verbrauchen wir so viel Gehirnkapazität, die wir an anderen Stellen sinnvoller einsetzen können. Was kann man tun, um sich nicht mehr ständig in das Leben anderer einzumischen? Loslassen. Lass deine Mitmenschen das tun, was sie tun wollen. Misch dich nicht in das Leben eines anderen ein. Auch wenn es gut gemeint ist. Manchmal sind die Dinge, die wir gut meinen, nicht automatisch die Dinge, die dem anderen guttun. Es wird schon nichts Schlimmes geschehen. Eine Frage kommt dann manchmal auf. Was ist, wenn doch etwas passiert und du hast nichts unternommen? Das ist auch der Grund für die Angst der Menschen, die zu viel Kontrolle im Leben übernehmen wollen. Wenn man doch scheinbar alle Fäden in der Hand hatte und diese sich plötzlich auflösen, wer ist man dann noch für die andere Person? Wenn man sich nur über die Rolle des Umsorgenden und Beschützenden definiert, als Mensch, der immer und überall die Kontrolle übernimmt und es plötzlich nicht mehr tun muss, wer ist man dann? Definiere deswegen Rollen für dich, die unabhängig von anderen Menschen funktionieren. Wie man das am besten in die Tat umsetzt, besprechen wir an späterer Stelle in diesem Buch. Ein weiterer Gedanke, der es uns erschwert loszulassen, ist: «Man kann doch so viel Schmerz vermeiden, wenn man davor schon an den richtigen Stellen geholfen hat.» Das ist aber der falsche Ansatz, denn Schmerz können wir niemals vermeiden. Menschen werden dich immer enttäuschen. Das ist nicht schlimm, denn keiner ist dafür gemacht, die Erwartungen anderer zu erfüllen.

«Ich muss mich um alle kümmern»

«Ich werde nur dann geliebt, wenn ich für andere viel leiste», das ist die Philosophie der Frau, die sich um alle kümmert. Sie hat meist einen langen Zeitplan, mit dem sie an vielen Tagen sogar bis in die Nacht arbeitet. Zwischen ihren Terminen hat sie so gut wie keine Pausen, und wenn dann nur sehr kurze. Dabei wird das Frühstückssandwich während dem Toilettengang verspeist und auf dem Nachhauseweg das Telefonat mit der Mutter geführt. Man versucht, seine eigenen Bedürfnisse irgendwie zwischendrin zu erfüllen, um somit mehr Zeit für die anderen freizuschaufeln. Dass das langfristig einen Menschen ziemlich belastet, wissen wir. Warum machen das dennoch so viele Frauen? Weil wir uns nach der Anerkennung und Liebe von unseren Mitmenschen sehnen. Das ist ein ganz normales Bedürfnis in uns allen. Wenn wir aber ständig nur funktionieren, um das Leben anderer angenehmer und leichter zu gestalten, dann treibt uns das mental auf Dauer in den Wahnsinn. Dann kommen mitten bei einer Beschäftigung Fragen auf wie: «Ist für das Abendessen noch genug im Kühlschrank?» oder: «Habe ich gestern eigentlich ein neues Duschgel für meinen Mann gekauft?» Das ständige darüber Nachdenken zieht über den Tag verteilt sehr viel Energie. Wenn wir ständig die Energie für andere Familienmitglieder opfern, dann bleibt zu wenig für uns übrig.

Aus dem alles bestimmenden «Ich muss für alle da sein»-Verhalten resultiert schon nach einer kurzen Zeit ein immer stärker werdendes Wutverhalten, denn es gibt zwei unterschiedliche

Stimmen, die ständig in Konflikt miteinander stehen. Die eine möchte endlich mal wieder in Ruhe etwas für sich tun, die andere kann es sich aber einfach nicht erlauben. Um hier bei unserem Beispiel zu bleiben, will die eine Stimme wieder in Ruhe und gemütlicher Atmosphäre essen, einen entspannten Filmabend machen oder endlich mal den Kleiderschrank ausmisten. Die andere Stimme hingegen trägt in sich verdrahtete Glaubenssätze und Blockaden, die es ihr nicht erlauben zu entspannen. Die Glaubenssätze tragen hier wieder den Ursprung in der Vergangenheit. Durch das Zeigen von Liebe oder durch Lob wurde uns schon damals suggeriert, wie wir uns am besten zu verhalten haben. Frauen, die sich immer um alle kümmern wollen, haben von ihren Eltern beigebracht bekommen, dass sie nur gut genug sind, wenn sie viel für diese tun. Dazu zählte beispielsweise das Geschirr sauber zu machen, staubzusaugen oder einkaufen zu gehen. Nur wenn man das alles erledigt hatte, bekamen sie ein Gefühl der Akzeptanz und der Nähe von den Eltern. Dieses Gefühl ist essenziell für uns Menschen, es sollten allerdings keine Bedingungen daran geknüpft sein.

Das Gehirn speichert also, um bei diesem Beispiel zu bleiben, ab, dass «sich um andere kümmern = Liebe» ist. Hinzu kommt, dass wir nach einer Bestätigung der Dinge, an die wir glauben, streben. Das bedeutet, wir versuchen, uns die Welt zu schaffen, welche wir in unserem Gehirn kreiert haben. Daraus lässt sich schlussfolgern, dass wir einige Momente für uns anders uminterpretieren. So könnten wir zum Beispiel der Meinung sein, dass unsere Hilfe gebraucht wird und die anderen ihre Sachen nicht selbstständig erledigen können. Die andere Person hingegen ist sich ganz sicher, dass sie ihre Aufgaben ohne jegliche Hilfe meistert. Genau das kann ziemlich belastend für die «Kümmerin» sein, denn ihr Gehirn ist permanent auf der Suche nach etwas, das die anderen nicht schaffen könnten. Ein «Nein, danke» oder «Ich kann das auch allein» wird von ihr nicht akzeptiert. Wenn sie sich nicht bewusst über dieses Problem Gedanken macht, kann sie kein auf sich gerichtetes Leben führen. Mit dem Glaubenssatz «Ich muss etwas leisten» kann «Ich kann nur entspannen, wenn ich allein bin» verbunden sein. Denn, wie vorher schon angedeutet, entwickelt sich nach einiger Zeit das Gefühl von Wut. Wenn man zu viel für andere erledigt und dadurch zu wenig Zeit für sich selbst hat, erhöht sich das eigene Stresslevel. Selbst wenn man gerade real nichts für jemand anderen macht, mental ist man dennoch bei der Person. Es ist so, als hätte man den Gefühlsradar immer auf maximaler Stufe eingestellt. Dieser Radar ist immer aktiv, wenn man mit anderen Menschen beisammen ist. Immer. Dabei möchte man auf keinen Fall die Gelegenheit verpassen, falls der andere einen Wunsch äußert, diesem nachzukommen. Währenddessen verliert man immer mehr den Kontakt zu sich selbst. Dadurch entsteht Wut, die oftmals an der anderen Person ausgelassen wird. Das passiert oft dann, wenn ein scheinbar harmloser Fehler begangen wird. Die «negative» Energie ist nicht das Produkt des kleinen Fehlers, sondern das Ergebnis monatelang angestauter Gefühle. Wegen dieses ganzen Schauspielens denkt man, dass die andere Person einem die Freiheit und die Luft zum Atmen rauben würde. Das stimmt aber nicht, denn die andere Person ist in den seltensten Fällen wirklich die Schuldige. Man ist aber der Meinung, dass Entspannung nur allein stattfinden kann. Wir sollten allerdings für uns erst einmal bewusst reflektieren, dass das nicht der Wahrheit entsprechen kann. Stell dir vor, die andere Person ist dein Partner, was in den meisten Haushalten auch so zutrifft. Dann kannst du nie wirklich entspannen, wenn du Zeit mit deinem Partner verbringst. Du wärst ständig angespannt und würdest niemals deine dir zustehende Ruhe bekommen.

Ein anderer Teufelskreis, in den sich die Helferin begibt, ist die Denkweise: «Wenn ich etwas für die anderen mache, dann helfen die anderen, wenn es mir schlecht geht.» Dieser Gedankengang ist ziemlich gefährlich, denn man begibt sich hier in eine Abhängigkeit. Man baut eine Erwartungshaltung auf, die auch nur von einem anderen Menschen befriedigt werden kann. Wie wir schon gelernt haben, ist es gewagt, seine eigene Zufriedenheit an das Wunschverhalten anderer zu knüpfen.

Dieses ständige «für andere auf Knopfdruck da sein» nimmt einem die Freiheit und somit auch das Leben weg. Frauen, die davon betroffen sind, sollten zunächst lernen, dass sie die Verantwortung für ihr Denken und Handeln übernehmen müssen. Nur dann sind sie auch imstande, etwas zu ändern. Schaffe dir deswegen Referenzerlebnisse, in denen du mal nicht sofort einschreitest. Bei denen du dich zurücknimmst und die anderen ihre Dinge allein erledigen lässt, um dann festzustellen, dass sie durchaus imstande sind, dies auch zu schaffen, und du dennoch geliebt wirst.

Soziale Medien – Wie sie deinen Selbstwert angreifen

Sind wir unbewusst etwas ausgeliefert, das wir nicht steuern können? Wir sehen überall Bilder, die uns vermitteln, wie wir zu leben haben. Wie eine optimale Ernährung aussieht, auf welche Art wir unsere überschüssigen Kalorien loswerden oder zu welchen Tageszeiten welche Teesorten angebracht sind. Wir werden ständig damit konfrontiert, was man alles machen sollte, um «gut genug» zu sein. Die Medien bombardieren uns tagtäglich mit Dingen, die andere Frauen besser können als wir. Die mehr wissen als wir. Die mehr Reisen unternommen haben als wir. Die besser aussehen als wir. Die mehr Disziplin haben als wir. Und das kränkt uns und unseren Selbstwert. Es gibt Momente, in denen wir uns schwach und verletzlich fühlen. Dann wollen wir einfach nicht im Vergleich mit anderen stehen. Wir wollen uns so akzeptieren, wie wir sind. Endlich anfangen, uns zu lieben. Die Kleinigkeiten, die uns als besonderen Menschen ausmachen, als ein Teil von uns sehen. Wir sollten uns mehr von den Momenten schaffen, in denen wir sexy, selbstbewusst, liebenswert, mit voller Energie und aufgeladen mit Sympathie sind. Das sind die wahren Momente, die uns glücklich machen. Die uns die Energie geben, die wir für ein Leben in voller Fülle brauchen. Momente, in denen wir einfach sind. In denen wir nicht bewerten, sondern genießen. Soziale Medien geben uns die Illusion und ein Bild von einem Leben, das «perfekt» zu sein scheint, und wir fangen automatisch an, uns zu vergleichen. Dabei stellt sich nur eine einzige Frage: Warum konsumieren wir das Ganze? Auf diese Frage werden wir im nächsten Abschnitt ganz sicher eine Antwort finden.

Das Bild, das du dir selbst vermittelst

Hier in diesem Abschnitt möchte ich unter anderem darauf eingehen, dass die sozialen Medien einen starken Einfluss auf unsere Dopaminrezeptoren haben. Dopamin ist eines der Belohnungshormone. Es sorgt dafür, dass wir in unserem Leben gern Neues entdecken. Social Media fördert gezielt die Ausschüttung von Dopamin. So bleiben wir lange dran und öffnen die App immer wieder über den Tag. Dopamin ist unser Antriebshormon. Wir streben danach. In der Natur bekommen wir immer einen kleinen Belohnungsschub, wenn wir etwas erkundet haben oder etwas Neues gesehen haben. Jedes Bild und jedes Video, das wir in sozialen Medien anschauen, ist für unser System wie eine kleine neue Entdeckung. Dopamin macht aber süchtig. Je mehr wir also konsumieren, desto stärker wird der Drang danach und desto weniger empfinden wir bei neuen Dingen in der echten Welt. In diesem Abschnitt soll das aber gar nicht das beherrschende Thema sein. Wir schauen uns nämlich an, warum das Leben einer «perfekten» Frau, die wir uns im Internet anschauen, so stark in dein Leben ein- und somit auch deinen Selbstwert angreift.

Bevor wir uns dem aber genauer widmen, solltest du wissen, dass sich dieses Kapitel nur um «Lifestyle-Bilder» oder «Lifestyle-Videos» dreht. Das sind Inhalte, die einen Teil des Lebens spiegeln. Zum Beispiel: Ich beim Kochen, ich beim Blumeneinpflanzen, ich bei der Arbeit oder ich im Café. Wir sind uns alle einig, dass Bilder bzw. Körper oder Gesichter, die mit Photoshop bearbeitet wurden, ziemlich realitätsfern sind. Sie entsprechen einfach nicht der Wirklichkeit und um die soll es hier auch nicht gehen. Dieses «perfekte» Leben, das von vielen Menschen als «unrealistisch» angesehen wird, ist aber in vielen Fällen tatsächlich die Realität. Denn auch nach meiner bisherigen Lebenserfahrung kann dieses Leben absolut realistisch sein. Ich, zum Beispiel, sehe es als meine Verpflichtung, mich jeden Morgen zu stylen, um auch gut für den ganzen Tag auszusehen und mich gut zu fühlen. Genauso ist es für mich wichtig, egal wo ich bin, jeden Tag das passende Outfit zu tragen. Das alles mache ich nicht für jemanden, sondern einzig und allein für mich. Ich habe für mich reflektiert, dass ich am meisten Energie über den Tag habe, wenn mir mein Outfit zu 100 Prozent gefällt. Ich fühle mich selbstbewusst und wohl, wenn ich mir Gedanken gemacht habe, wie ich aussehen will. Ich genieße meine Freiheit in vollen Zügen und liebe es, die Menschen teilhaben zu lassen. Für viele Menschen wird das als ein Leben gesehen, das nur im Außen gut aussehen soll. Aber wenn das im Außen gut aussieht, kann dann das Innere nicht ebenfalls etwas Schönes bereithalten?

Wie kommt es dazu, dass viele hier von einem Leben sprechen, das nichts mit der Realität zu tun hat? Obwohl es bei so vielen Menschen der Fall ist. Ganz einfach: Weil diese Bilder das eigene Weltbild, mit dem man sich oft nicht beschäftigen will, infrage stellen. Wir können uns nur einen gesunden Selbstwert geben, wenn wir für uns gestellte Erfolge im Leben erreichen und diese auch unseren Ansprüchen genügen. Genau das ist hierbei das große Problem: Viele Menschen haben Ansprüche an sich, die sie sich selbst nie wirklich erfüllen wollen. Sie wollen sich aktiv keine Gedanken um ihr Leben machen. Sie wollen keine Verantwortung übernehmen. Das Leben anderer kann einen nur «triggern», wenn das eigene Leben einen «triggert». Wir belügen uns ständig selbst, wenn wir sagen, dass das Leben sich schon irgendwann von allein zum Guten bessern wird. Träume und Wünsche werden ganz oft auf einen Zeitpunkt in der Zukunft aufgeschoben, an dem man glaubt, man sei dann ganz sicher dazu bereit, seine Träume zu verwirklichen. Aber je länger wir nicht das Leben leben, das in unseren Augen «perfekt» ist, desto weiter schrauben wir Jahr für Jahr unsere Träume nach unten, denn wir sollen doch mal bitte «realistisch werden». Es kann ja nicht sein, dass ausgerechnet wir dafür bestimmt sind, etwas Großartiges aus unserem Leben zu schaffen.

Hinter dem allen steht etwas ganz Großes und das ist die Angst, das Leben so zu führen, wie man es wirklich will. Die fiktive Frau, die all das hat, was du willst, das bist ja nicht du. Und man kann es sich auch nicht erlauben, diese Frau zu werden, denn dann kann man sich nicht mehr hinter seinen eigenen Ausreden verstecken. Man ist dann gezwungen, sich wirklich der Freiheit hinzugeben, und viele können damit nicht umgehen. Nein, sie haben regelrecht Angst, diese Verantwortung in ihren Händen zu halten und sie auf ihr Leben anzuwenden. Aus diesem Grund versuchen wir es erst gar nicht, uns mit der echten Freiheit auseinanderzusetzen. Wir stellen auch aus diesen Gründen unrealistische Ansprüche an uns selbst, mit denen wir uns nicht beschäftigen und auf die wir letztlich auch nicht mit System zuarbeiten. Ein «normales» Leben zu führen, wie es der

Großteil aller Bekannten und Freunde hat, ist einfach komfortabel. Man muss sich nicht ständig Gedanken machen, ob das, was man tut, auch «richtig» ist. Mal angenommen, wir sehen ein Bild einer wunderschönen Frau. Lächelnd hält sie ihre Kaffeetasse in die Kamera, während man im Hintergrund ein himmlisches Gebirge erkennen kann. Es sieht so aus, als würde sie sich momentan in Südostasien aufhalten. Dieses Bild wird von vielen als unrealistisch angesehen. Nicht das Bild ist unrealistisch. Das sagen wir nur, weil sie sich erlaubt, so ein Leben zu leben – und wir uns nicht. Denn das Bild der Frau suggeriert zunächst einmal eines: dass sie ein schönes Leben genießt und wenn dies unseren Selbstwert angreift, dann genießen wir ja aktuell kein schönes Leben. Jedes Bild ist dann eine kleine Erinnerung an die Hoffnung, dass wir vielleicht doch noch irgendwann dieses «Bilderbuchleben» leben können. Aber solange wir keinen Schritt in diese Richtung gehen, wird es immer nur eine Hoffnung bleiben.

Wie entkommen wir diesem Muster? Indem wir uns bewusst Gedanken darüber machen, was wir in unserem Leben wirklich wollen. Nach dem tieferen Sinn forschen und damit auch wirklich in die Umsetzung gehen. Fragen, die du dir dabei stellen kannst, sind folgende:

Was will ich?
Was ist mir wichtig?
Was mache ich wirklich gern?
Was erfüllt mich mit Freude?
Welcher Lebensstil ist der richtige für mich?

Was müsste ich tun, um mein Leben so zu gestalten, wie ich es will?

Was würde ich machen, wenn ich nicht scheitern kann?

Welcher Mensch muss ich für meine Ziele werden?

Indem wir diese Fragen für uns beantworten und auch anfangen, das Leben so zu strukturieren, wie es unserem Sinn entspricht, werden auch wir anfangen, ein Leben zu leben, das in unserem Bild als ein Leben voller Vollkommenheit angesehen wird. Wir sind mit dem glücklich, was wir erreicht haben. Wenn wir es übrigens geschafft haben, ein Leben zu haben, das zu 100 Prozent unserer Philosophie entspricht, dann sinkt das Bedürfnis, sich das Leben anderer anzuschauen. Das brauchen wir dann nicht mehr, denn wir nehmen aktiv an unserem eigenen schönen Leben teil.

Änderungen? Nein danke

Jeder weiß, dass das Leben nicht nur aus Höhepunkten besteht. Das suggerieren zwar einerseits die sozialen Medien, aber es ist ziemlich populär geworden, die «nicht perfekte» Seite von sich mit den anderen zu teilen. Was sich zunächst einmal sehr gut und vernünftig anhört. Denn: Wir leben nicht in einer perfekten Welt. Fehler gehören einfach dazu. Es gibt nur einen großen Nachteil bei alldem: Wir versperren uns mit diesen Bildern und Videos den Weg zur Freiheit. Freiheit ist, das zu tun, was man will. Natürlich mit der Prämisse, sich noch an die Gesetze zu halten. Wir haben schon herausgefunden, dass es nicht einfach ist, die Freiheit in vollen Zügen zu genießen. Dennoch sollten wir immer danach streben. Freiheit gibt uns nämlich ein starkes Gefühl, etwas zu erreichen. Aber Freiheit bringt unter anderem Veränderung mit sich.

Konsumieren wir regelmäßig solche Bilder und Videos, passiert etwas mit uns. Wir fangen an, uns von diesen angeblich «perfekten» Menschen abzugrenzen. Denn wir sind ja anders. Wir sehen nicht jeden Tag so gut aus, denn wir sind ja menschlich. Wir essen auch mal gern Burger mit Pommes oder Pizza. Wir wiegen halt etwas mehr, als es gut für uns ist. Und das ist doch auch alles okay so, denn wir wollen uns das Leben nicht schwer machen. Wir sind doch so viel glücklicher, denn wir verbieten uns nichts. Wir quälen uns nicht mit Morgensport. Wir gehören nicht zu den unzufriedenen Frauen, die ständig mit sich kämpfen – das sind die Gedanken, die durch den Konsum solcher «nicht perfekten» Bilder und Videos aufkommen. Damit programmieren wir uns unbewusst ein, dass keine Notwendigkeit besteht, sich selbst zu verbessern. Nicht auf einem zwanghaften Optimierungsweg, sondern einem gesunden «Ich liebe mich und ich schaffe etwas Großartiges»-Weg. Konsumiert man ständig diese Bilder, tappt man in eine Falle. Man grenzt die Menschen, die so perfekt sind, von sich ab. Diese Menschen gehören dann einer ganz anderen Gruppe an und dadurch baut man eine Distanz zu ihnen auf. Diese Frauen, die sich ständig verbessern, quälen sich ja nur. So zu denken, ist gefährlich. Wie soll sich das Gehirn wieder auf Sport freuen? Wie können wir Freude dabei empfinden, gesunde Nahrungsmittel zu uns zu nehmen? Wie ist es uns möglich, uns am Montag auf unsere Arbeit zu freuen? Wie gelingt es uns dabei, ein wirklich glückliches Leben zu führen? – Die Antwort: gar nicht.

Man begibt sich mit den Bildern in eine Identität, die keine echte Freude bringt. Das ist auch ein ganz normaler psychologischer Mechanismus: In diesem «nicht perfekten» Zustand verzeiht man sich Fehler. Man muss mit sich scheinbar nicht zu hart ins Gericht gehen, wenn man sich eingesteht, nicht «perfekt» zu sein. Es gibt Momente, in denen man nicht alles schafft, was man sich vornimmt. Diese Bilder wirken dann wie ein Fels in der Brandung. Denn da gibt es Menschen, die dich verstehen. Die deine Gedanken zu Worte gebracht haben. Somit baut sich automatisch eine Bindung auf. Das ist auch nicht schlimm. So lange, bis diese Bindung zu stark wird und man sich nur noch über diese Sprüche und Bilder identifizieren kann. Dies tut uns aber wiederum auf Dauer nicht gut, denn dadurch blockieren wir unser Wachstum in eine noch bessere Version von uns selbst.

Möchte ich hier, dass du aufhörst, solchen Content zu konsumieren? Auf gar keinen Fall. Ich will nur, dass du diese Bilder mit etwas Vorsicht und Bewusstsein betrachtest. Es gibt sicherlich einige Bilder, die wirklich lustig sind. Nur sollte man aufpassen, zu welcher «Gruppe» man dazugehören will und welche Gruppe diese Bilder widerspiegeln. Über die Dinge, die du heute konsumierst, wählst du die Persönlichkeit, die du morgen bist.

Die Arbeit
passiert
in dir

Das Ziel hier in diesem Buch ist es, ein Leben in voller Fülle genießen zu können. Sich selbst zu verstehen und zu akzeptieren, wie man ist. Einen inneren dauerhaften Antrieb in sich selbst aufzubauen, um sich immer wieder auf eine gesunde Weise zu bessern. Den negativen Ballast an der nächsten Raststätte abzuladen und die Fahrt des Lebens mit einem freien Kopf und unendlichen Ressourcen zu genießen. Das alles kann im ersten Moment möglicherweise als schwierig und vielleicht auch noch als unerreichbar angesehen werden. Jetzt ist es aber wichtig, nicht den Kopf hängen zu lassen und das Ganze nicht als großen schweren Brocken anzusehen, den man unter keinen Umständen bewegen kann, sondern eher als kleine Steine, die man weglegen oder zerkleinern kann. Diese Steine sollten auch nur dann angefasst werden, wenn wir uns damit wohlfühlen. Zu schnell oder zu viele Baustellen im Leben angreifen, kann zur Frustration führen. Im schlimmsten Fall gibt man sogar auf. Damit das nicht passiert, dienen dir die nachfolgenden Zeilen als Hilfe, um deinen Weg in die emotionale und mentale Freiheit zu meistern.

Vergebung ist der erste Schritt

Vergebung ist der erste und meiner Meinung nach auch einer der wichtigsten Schritte. Jemandem zu vergeben, bedeutet nicht, dass du ihm oder ihr damit die Schuld abnimmst. Du vergibst nicht für den anderen, sondern Vergebung bedeutet vielmehr, sich selbst etwas Gutes zu tun, denn dadurch erlöst du dich aus den Fesseln der Unfreiheit. Damit nimmst du die damit verbundene Eigenverantwortung auf. Ein «Ja» für eine bessere Version von dir selbst. Ein «Ja» für ein Leben in Freiheit. Ein «Ja» für ein glückliches Leben. Ein «Ja» für ein Leben ohne künstliches Drama. Ein «Ja» für ein Leben mit Stolz und Erfolg.

Schließe mit dem ab, was damals passiert ist. Wenn du deinen Eltern eine Schuld zuweist und du auf Dingen verharrst, die sie damals pädagogisch nicht richtig gemacht haben, dann wird es weder dir noch deinen Eltern dabei helfen, einen Schritt in Richtung Versöhnung zu gehen. Es ist nicht wichtig, dass du eine Entschuldigung erhältst. Wenn du auf diese wartest und sie nicht kommt, dann bist du nur noch frustrierter. Und wenn du diese erwartest, dann wird nur das kommen, was du ohnehin schon erwartet hast. Die Entschuldigung wirkt dann nicht mehr so stark, als wenn jemand den ersten Schritt auf dich zugeht. Wenn du dich immer noch damit beschäftigst, welche Dinge in der Vergangenheit vorgefallen sind, dann sucht dein Gehirn gezielt nach solchen Ereignissen. Das ist nicht von Vorteil. Denn dann konzentrierst du dich nur noch auf Geschehnisse, die traurig, negativ und belastend für dich sind. Das, was man denkt, strahlt man auch aus. Somit gehen deine Reaktionen und Handlungen eher in eine traurige, negative und belastende Richtung. Vergib, um dich selbst in deine Freiheit zu entlassen. Du lässt damit den ganzen Ballast los, der in deinem Kopf herumschwirrt. Diesen Platz kannst du für viel wichtigere und schönere Dinge in deinem Leben nutzen. Du bist die wichtigste Person in deinem Leben und du tust dir selbst etwas Gutes, wenn du dich von allen negativen Emotionen und unnötigem Ballast befreist.

Es ist immer die Geschichte, die du dir selbst erzählst. Ein Erlebnis kann immer aus verschiedenen Perspektiven betrachtet werden. Nehmen wir an, wir sehen beide ein Kind hinfallen. Es ist gerade eben mit seinem Skateboard gefahren und das Rad ist an einem kleinen Stein hängen geblieben. Ich sehe aber, dass das Kind weich auf einem Stück Wiese gelandet ist. Es hatte außerdem noch Knie-, Ellenbogen- und Handschoner und einen Helm. Du hingegen beobachtest die Situation aus einer viel weiteren Entfernung als ich. Das Einzige, das du siehst, ist, dass das Kind hinfällt. Natürlich machst du dir mehr Sorgen. Hat es sich verletzt? Braucht es Hilfe? Vielleicht wirst du auch zu dem Kind hingehen, um dich zu vergewissern, ob alles in Ordnung ist. Ich werde mir keine großen Sorgen machen. Sicher werde ich es ebenfalls noch weiter beobachten, um auch sicherzustellen, ob beim Kind alles in Ordnung ist. Ich habe aber beim selben Geschehen mehr Informationen als du und somit auch eine ganz andere Wahrheit von dem, was passiert ist. So ist es auch mit deiner Vergangenheit.

Du wirst immer mit der Wahrheit und Realität recht haben, die in dir verankert ist und welche sich in dir abgespeichert hat. Deswegen interpretiere deine Geschichte für dich so um, dass sie dich wie eine Rakete nach vorn bringt und nicht wie ein schwerer Stein nach unten zieht. Sei dankbar für alles Gute, aber auch für das Schlechte, was dir passiert ist. Für das Schlechte dankbar sein? Das klingt am Anfang nicht richtig. Aber gerade diese Dankbarkeit für Dinge, die wir vorher als schlimm angesehen haben, bringt uns den größten Frieden und den stärksten Gewinn an Lebensqualität. Denn die beiden Gegenpole haben dich zu der Frau gemacht, die du heute bist. Schau dir an, was aus dir geworden ist. Sei dankbar dafür, dass du so eine starke Frau bist. Denn dort, wo Dankbarkeit herrscht, kann keine Angst sein.

Löse deine Glaubenssätze auf

Glaubenssätze sind Sätze, die wir glauben. Wir tragen sie in uns und bevor wir sie nicht hinterfragen, sind wir ihnen «ausgeliefert». Glaubenssätze können dein Leben beflügeln oder es zerstören, je nachdem, welche Geschichte du dir tagtäglich erzählst. Das Schöne daran ist aber, dass wir Lebewesen mit einem höheren Bewusstsein sind und uns somit selbst aussuchen können, was wir glauben wollen.

In diesem Kapitel geht es nicht darum, dass wir unsere negativen Glaubenssätze auf Karten aufschreiben, um diese dann zu verbrennen oder zu zerreißen. Um somit uns selbst zu demonstrieren, dass wir den Glaubenssatz aus unserem Gehirn «löschen». Die Realität sieht ganz anders aus. Denn Glaubenssätze kann man nicht einfach so «löschen». Man muss sie überschreiben. Stell dir das so vor: Du befindest dich vor einem großen Feld. Du kannst aber die andere Seite des Feldes nicht sehen. Das, was du siehst, sind die Pfade, die du schon von der einen zur anderen Seite gelaufen bist. Die Pfade stehen hier für die Glaubenssätze, die du in dir trägst. Wenn du beispielsweise den Glaubenssatz «Ich darf nicht sichtbar sein» hast und du in Situationen gerätst, die dir diesen immer wieder bestätigen, dann ist der Pfad auf dem Feld deutlich erkennbar, weil du diesen immer wieder abgegangen bist. Du strebst aber danach, endlich in die «Sichtbarkeit» zu gehen. Wenn du den neuen Weg auf dem Feld gehen möchtest, dann ist er noch unbekannt. Der Boden ist noch unberührt und somit ist kein Pfad sichtbar. Du bist aber voller Stärke und traust dich, diesen völlig fremden Weg zu laufen. In dem Moment, in dem du dich auf der anderen Seite befindest, bist du unglaublich stolz auf dich. Einige Zeit später gerätst du wieder in eine solche Situation, in der du deine «Sichtbarkeit» beweisen willst. Deine Entscheidung: zwei Pfade. Einer ist bereits durchgetreten und dir somit bekannt. Der andere noch recht neu, der Weg kaum sichtbar. Welchen wählst du? Mit Mut und Energie ist es leicht, den neuen Weg nochmals zu laufen. Hat man aber hingegen einen schwachen Moment, dann ist die Wahrscheinlichkeit höher, dass man den alten Weg entlangläuft und man somit wieder ein Stück weit vertrauter mit diesem Pfad wird. Deswegen ist es auch nicht möglich, einen alten Glaubenssatz zu löschen. Man muss den neuen verstärken. Somit wird der alte Glaubenssatz nach einiger Zeit schwächer und ist irgendwann nicht mehr so aktiv.

Einige Menschen sagen, dass es ihnen hilft, mit einer Art «Ritual» die negativen Glaubenssätze über Bord zu werfen. Von einer einzigen Anwendung wird sich aber nichts im Leben ändern. Es sind immer die Konstanten, die Wiederholungen und die Emotionen, die den Unterschied machen. Wenn wir uns auf die negativen und blockierenden Glaubenssätze fokussieren, bekommen diese immer mehr Macht über uns. Man spielt bei diesem Ritual diesen einen Glaubenssatz immer wieder ab, dadurch stärkt er sich in seiner Glaubwürdigkeit. Man widmet somit einem Glaubenssatz, von dem man sich trennen möchte, enorm viel Aufmerksamkeit und Energie und das ergibt einfach wenig Sinn.

Doch wie verstärkt man dann die Glaubenssätze, die einen voranbringen und glücklich machen? Du kannst mit

Affirmationen arbeiten oder du agierst so, wie es die Person, die du werden willst, tun würde. Bevor wir aber hier weitermachen, klären wir, was Affirmationen überhaupt sind. Affirmationen können eine starke Möglichkeit sein, das zu glauben, was man glauben will. Es sind Sätze, die man zu seiner Wahrheit macht. Lass uns das mit dem Satz: «Ich bin wichtig» durchspielen. Diesen Satz wiederholst du jeden Tag, um ihn zu deiner Wahrheit zu machen. Wichtig ist hier, es in deine tägliche Routine zu integrieren. Zudem ist der Glaube an den Satz entscheidend. Erst dann kann sich dieser in deinem Unterbewusstsein festigen. Denn das Ziel ist es ja, den Satz tief zu verankern. Eine kleine Anleitung für dich und die Affirmationen, die die Themen in diesem Buch in dein Unterbewusstsein bringen, erarbeiten wir im nächsten Kapitel. Aber Achtung, solltest du noch weitere Affirmationen dazu schreiben wollen, so achte darauf, dass unser Gehirn das Wort «nicht» nicht verarbeiten kann. In dem Moment, in dem du dir zum Beispiel sagst: «Ich bin keine Versagerin», versteht dein Gehirn: «Ich bin eine Versagerin» und speichert diesen Satz so mit jeder Wiederholung ein.

Glaubenssätze können uns vom Erfolg abhalten. Sie können uns blockieren, endlich die Dinge zu tun, die wir schon immer machen wollten. Als würde eine unsichtbare Mauer vor uns stehen. Eine Mauer, die wir nicht durchqueren können. Die Mauer stellt all die Glaubenssätze und Blockaden dar und genau diese Mauer haben wir uns Stein um Stein selbst aufgebaut. Denn sie dient als Schutz. Schutz vor Angriffen, die von außen hereinkommen könnten. Aber sie dient auch als eine Ausrede, nicht aktiv am Leben teilnehmen zu müssen. Denn unsere blockierenden Glaubenssätze haben einen enormen Vorteil für uns: Wir können uns hinter ihnen verstecken. Das nutzen leider sehr viele Menschen. Das allerdings bringt uns aber im Leben nicht voran. Wir können nicht daran wachsen und uns zu einer Person entwickeln, die emotional und mental frei ist. Deswegen ist es wichtig zu wissen, welche Person du sein möchtest. Im Englischen gibt es den Satz: «Act as if», zu Deutsch: «Verhalte dich schon so, als wärst du bereits dort, wo du hinwillst.» Im Abschnitt «Sei die Person, die du werden willst» werden wir uns noch genauer mit diesem Thema befassen.

Deine Affirmationen

Hier sind noch einmal die Affirmationen aus allen Kapiteln zusammengefasst. Natürlich werden sie nur durch das Lesen nicht viel verändern. Das, was uns Menschen dazu bewegt, etwas zu ändern, sind Emotionen. Und genau die sind hier gefragt. Du erreichst gigantische Ergebnisse, wenn du jeden Satz mit einem Erlebnis verbindest. Nehmen wir beispielsweise den Satz: «Ich bin es wert, mich so zu akzeptieren, wie ich bin». Versetze dich jetzt in eine Situation in deinem Leben zurück, bei der du so reagiert hast, wie du es wolltest und wo es sich richtig gut angefühlt hat. Lass diese Geschichte mehrmals vor deinem inneren Auge ablaufen und fülle damit diesen Satz mit ganz viel positiven Gefühlen. Dann ist auch eine echte und nachhaltige «Besserung» und eine Stärkung deines eigenen Glaubens an dich selbst möglich. So wird die starke Frau in dir immer mehr zum Vorschein kommen.

Ich bin es wert, mein Leben nach meinen Vorstellungen zu führen.

Ich bin es wert, Gefühle zu haben, denn diese sind berechtigt.

Ich bin es wert, mich um meine eigenen Bedürfnisse zu kümmern.

Ich bin es wert, mich in meiner Umgebung wohlzufühlen.

Ich bin es wert, mich zu lieben und zu akzeptieren, wie ich bin.

Ich bin es wert, einen gesunden Körper zu haben.

Ich bin es wert, mich in meiner Kleidung wohlzufühlen.

Ich bin es wert, aus meiner Zeit das Beste zu machen.

Ich bin es wert, sichtbar sein zu dürfen.

Ich bin es wert, eine glückliche Beziehung zu führen.

Ich bin es wert, dass zu tun, was ICH will.

Ich bin es wert, guten Sex zu haben.

Ich bin es wert, einen Job zu haben, der mir gefällt.

Ich bin es wert, klare Grenzen zu haben und zu setzen.

Ich bin es wert, mehr Geld zu verdienen.

Ich bin es wert, Fehler zu machen.

Ich bin es wert zu entspannen.

Ich bin es wert, ein Leben in Freiheit zu führen.

Sei die Person, die du werden willst

Egal was du jetzt in deinem Leben anpacken möchtest – ob du mehr Geld verdienen oder einen Job nach deinen Vorstellungen finden willst. Ob du deine Wunschfigur haben möchtest. Ob du es möglicherweise satthast, in einem Lebensbereich das fünfte Rad am Wagen zu sein. Wir haben alle unsere Schmerzpunkte, an denen wir etwas verbessern wollen. Ganz egal, was es bei dir ist, sei dir sicher: Das, was du dir vornimmst, kannst du auch erreichen. Auch wenn es etwas wie ein Märchen klingt: «Glaube nur fest daran, dann werden auch alle deine Träume wahr werden», ist dennoch schon die halbe Wahrheit. Nur wenn wir uns wirklich sicher sind, dass wir etwas auch schaffen können, dann schaffen wir es auch. Wenn wir schon von vornherein glauben, dass wir es nicht verdient hätten oder dass eine Veränderung bei uns nicht stattfinden wird oder sich etwas nicht bessern kann, dann werden wir auch nichts bewegen können.

Der andere Part, um den maximalen Erfolg zu erreichen, ist die Umsetzung. Um diese erfolgreich zu meistern, müssen wir uns erst einmal eine Identität kreieren. Die Identität, die wir sein wollen. Dafür eignen sich Rollenvorbilder hervorragend. Von ihnen können wir Denkweisen, Stimmlagen, Auftreten, Selbstbewusstsein und vieles anderes übernehmen. Was möchtest du von deinem Vorbild lernen? Es ist dabei nicht wichtig, sich ein Vorbild zu suchen, das alle Lebensbereiche oder Charakterstärken, die für dich wichtig sind, bewältigen kann. Du kannst auch nur eine konkrete Stärke von einer konkreten Person für dich als einen Orientierungspunkt verwenden. Nimm dir nur das, was für dich wichtig ist, mit. Somit kannst du dir aus verschiedenen Personen und Inspirationen deine eigene einzigartige Person erschaffen. Und dann imitiere diese von dir erschaffene Person. Wie sieht sie aus? Wie viel Geld verdient sie? Wie verhält sie sich in der Gegenwart ihres Mannes? Was empfindet sie wann? Wie geht sie mit Rückschlägen um? Wie redet sie mit sich selbst? Wie sieht ihre Morgenroutine aus? Wie viel Zeit schenkt sie sich selbst? All diese Fragen sind wichtig, um einen Schritt in Richtung Eigenverantwortung zu gehen. Denn Verantwortung befreit uns. Wenn wir Verantwortung übernehmen, dann stört uns auch fast nichts mehr. Klingt fast zu schön, um wahr zu sein? Warum übernehmen dann so viele Menschen keine Verantwortung für sich? Warum nehmen sie ein zum Teil fremdgesteuertes Leben hin? Warum gehen sie nicht den wichtigen ersten Schritt? Weil sie sich regelrecht vor der Freiheit fürchten.

Mit Freiheit umzugehen, ist nämlich sehr schwer. Das lernen zum Beispiel Menschen, die sich selbstständig machen oder ein Unternehmen aufbauen: Es gibt keinen mehr, der ihnen sagt, wann sie aufstehen müssen. Niemand legt fest, wann sie zur Arbeit erscheinen sollten oder wann sie wieder gehen dürfen. Sie sind die einzigen, die bestimmen, wann ihr Tag anfängt und aufhört. Wie produktiv man ist oder welche Ziele in Angriff genommen werden, müssen sie selbst definieren. Sie haben sich durch diese Entscheidung eine Art von Freiheit gegeben und mit dieser müssen sie jetzt verantwortungsvoll umgehen. Werden über den Tag keine Ergebnisse produziert, so wird auch kein Umsatz erzielt. Freiheit muss in jedem Moment bewusst entschieden werden. Es kostet, gerade am Anfang, Willenskraft. Wenn jemand beispielsweise jahrelang die eigenen Bedürfnisse für andere Menschen unterdrückt hat, kostet es Kraft, sich zu erlauben, sich um sich selbst zu kümmern. Aber genau das ist zwingend nötig, um die Rolle zu leben, die man leben will. Und das bringt uns zur Rollendefinition.

Jeder definiert sich über seine Rollen. Rollendefinitionen über einen Beruf, wie Krankenschwester, Steuerfachangestellte oder Lehrerin, Definitionen über Charaktereigenschaften wie: «Ich bin diejenige, die sich um alle kümmert», oder: «Ich werde von allen gemobbt», aber auch die Rolle «Mutter» oder «Oma» sind in erster Linie nichts Schlimmes. Durch all diese Rollen erhalten wir ein Gefühl der Zugehörigkeit. Rollen ermöglichen es uns, an etwas festzuhalten. Durch sie können wir Selbstbewusstsein ausstrahlen, denn die Rollen geben uns die Möglichkeit, auf etwas stolz zu sein. Was passiert aber, wenn wir uns bei einem bestimmten Bereich nur durch eine einzige Rolle definieren und diese dann plötzlich wegfällt? Da ist ein innerer Gefühlsausbruch schon vorprogrammiert. Ich hatte mich damals in meinem Freundeskreis als diejenige angesehen, die viel über Psychologie wusste. Ich war regelrecht stolz darauf, die Einzige unter meinen Freunden zu sein, die sich so viel Wissen über das Thema angeeignet hatte. Dann hat ein guter Freund damit angefangen, sich ebenfalls über das Thema zu belesen und sehr tiefgreifend zu informieren. Ich wurde tatsächlich ziemlich wütend auf ihn. Am Anfang wusste ich noch nicht, warum dieses Gefühl da ist. Das hat sich aber schnell durch meine inneren Sätze wie:

«Oh man, jetzt versucht er so, klug zu wirken», erledigt. Plötzlich habe ich realisiert, was wirklich los ist: Ich hatte so fest an dieser Rolle festgehalten, dass ich das Gefühl bekam, mir bricht ein Stück meiner Identität weg. Ich war nicht mehr die Einzige, die viel über Psychologie wusste. In einem Lebensbereich nur eine Rolle zu haben, kann auf Dauer nicht gut sein. Die Lösung: Gib dir mehr Rollen, die dir ein gutes Gefühl geben. Es ist egal, ob diese Definitionen über dich selbst auch in der Gegenwart anderer Menschen funktionieren. Denn die Unabhängigkeit von allem und jedem ist nicht immer erstrebenswert. Rollen verhelfen uns in den verschiedensten Situationen, ohne Unsicherheit das zu tun, was wir selbst für richtig halten. Was passiert aber, wenn wir in der neuen Rolle «versagen»? Wenn man nicht den nötigen Mut hat, endlich etwas Ballast abzulegen? Keine Sorge, das macht absolut nichts. Den Mechanismus, warum wir in einer Schnellschussreaktion zu den «alten» Mustern zurückgreifen, haben wir ja gemeinsam erkundet. Die «alte» Reaktion ist einfach viel zu fest einprogrammiert. Das ist aber gar kein Problem. Genau deswegen verstärken wir einfach immer wieder das «neue» Muster. Das schaffen wir, indem wir uns Referenzerlebnisse schaffen.

Achtung: Referenzerlebnisse sind nicht als Ausrede zu gebrauchen, um sich selbst die eigene Verantwortungslosigkeit schönzureden. Wenn jemand unangebracht und nach dem alten Muster reagiert und dann meint, er könne das nicht anders machen, da er sich noch nicht genügend Referenzerlebnisse geschaffen hat, dann entspricht das schlichtweg nicht der Wahrheit. Wir sind uns immerhin offensichtlich dessen schon

bewusst, dass unsere Reaktion unangemessen war. Referenzerlebnisse dienen dazu, so zu handeln, wie es die innere starke
Frau tun würde. Und das, ohne viel Energie dafür aufbringen
zu müssen. Um ein neues Muster anzulegen, brauchen wir
am Anfang eben viel Energie. Aber diese Challenge zahlt sich
aus. Denn die Stärke, selbstbewusst zu handeln, ist mit einem
positiven Gefühl verbunden.

Wir möchten alle bedeutend sein und etwas zu dieser Welt
beitragen. Deinem Umfeld und somit auch deren Umfeld er-
möglichst du es, auf eine angenehme Weise aufzublühen, indem du dich selbst in deinem ganzen Wesen öffnest. Dein
eigenes Schloss, bestehend aus unglaublich vielen Weisheiten,
Mut, Stärke, Sensibilität, Abenteuerlust, Freude, Großzügigkeit,
Intelligenz, Unabhängigkeit und vielem mehr, trägst du bereits
in dir. Hier ist dein Schlüssel dafür. Öffne dein Schloss, um dich
emotional und mental zu befreien.

Endnoten

[1] Niedenthal, Paula / Krauth-Gruber, Silvia / Ric, François (2006): Psychology of Emotion – Interpersonal, Experiential and Cognitive Approaches, 1. Auflage, Psychology Press, London

[2] Robbins, Tony (2016): Tony Robbins – I am not your guru, Netflix

[3] Hall, Judith A. (1990): Nonverbal Sex Differences – Accuracy of Communication & Expressive Style, 1. Auflage, Johns Hopkins University Press, Baltimore

[4] Dr. Moir, Anne / Ph.D. Jessel, David (1992): Brain Sex – The real difference between Men & Women, 2. Auflage, Delta, London

[5] Dr. med. Bergner, Thomas (2013): Gefühle – Die Sprache des Selbst, 1. Auflage, Schattauer GmbH, Stuttgart

[6] Peterson, Jordan (2018): Jordan Peterson debate on the gender pay gap, campus protests and postmodernism, https://www.youtube.com/watch?v=aMcjxSThD54&t=462s, 7:30

Literaturverzeichnis

Adler, Alfred (2008): Der Sinn des Lebens – Klassiker der Psychotherapie, 1. Auflage, Anaconda Verlag, Köln

Bischoff, Christian (2020): Bewusstheit, 1. Auflage, Ariston Verlag, Genf

Dr. Chapman, Gary (2010): Die 5 Sprachen der Liebe – Wie Kommunikation in der Partnerschaft gelingt, 8. Auflage, Verlag der Francke-Buchhandlung, Marburg an der Lahn

Dr. med. Bergner, Thomas (2013): Gefühle – Die Sprache des Selbst, 1. Auflage, Schattauer, Stuttgart

Dr. med. Berne, Eric (2002): Spiele der Erwachsenen – Psychologie der menschlichen Beziehungen, 21. Auflage, Rowohlt Taschenbuch, Hamburg

Dr. Moir, Anne / Ph.D. Jessel, David (1992): Brain Sex – The real difference between Men & Women, 2. Auflage, Delta, London

Ferriss, Timothy (2012): Die 4-Stunden-Woche – mehr Zeit, mehr Geld, mehr Leben, 1. Auflage, Ullstein eBooks, Berlin

Fritsch, Gerlinde (2012): Der Gefühls- und Bedürfnisnavigator – Gefühle & Bedürfnisse wahrnehmen. Eine Orientierungshilfe für Psychosomatik- und Psychotherapiepatienten, 2. Auflage, Junfermannsche Verlagsbuchhandlung, Paderborn

Fromm, Erich (2005): Haben oder Sein – Die seelischen Grundlagen einer neuen Gesellschaft, 49. Auflage, dtv München

Kishimi, Ichiro / Koga, Fumitake (2019): Du bist genug – Vom Mut, glücklich zu sein, 1. Auflage, Rowohlt Taschenbuch, Hamburg

Die starke Frau in mir

Lok, Dan (2009): F.U. Money – Make as Much Money as You Damn Well Want and Live Your Life as You Damn Well Please!, 1. Auflage, Advantage, Charleston

Miller, Alice (2012): Das Drama des begabten Kindes – und die Suche nach dem wahren Selbst, 31. Auflage, Suhrkamp Verlag, Berlin

Norwood, Robin (2012): Wenn Frauen zu sehr lieben – Die heimliche Sucht, gebraucht zu werden, 1. Auflage, Rowohlt Taschenbuch, Hamburg

Robbins, Anthony (2017): Das Robbins Power Prinzip – Befreie die innere Kraft, 12. Auflage, Ullstein Taschenbuchverlag, Berlin

Schäfer, Bodo (2021): Erfolgreich denken – Lernen Sie wie Millionäre zu denken und Grenzen zu überwinden, 1. Auflage, Bodo Schäfer Akademie GmbH, Bergisch Gladbach

Stahl, Stefanie (2017): Jeder ist beziehungsfähig – Der goldene Weg zwischen Freiheit und Nähe, 1. Auflage, Kailash, München

Stahl, Stefanie (2020): So stärken Sie Ihr Selbstwertgefühl – Damit das Leben einfach wird, 1. Auflage, Kailash, München

Watzlawick, Paul (2021): Wie wirklich ist die Wirklichkeit? – Wahn, Täuschung, Verstehen, 1. Auflage, Piper Taschenbuch, München

Entdecke
weitere Bücher in unserem
Online-Shop

www.remote-verlag.de